EDITORIAL

UNSER BUCHTIPP

Neu und ab 7. Januar 2021 überall im Buchhandel zu finden: unser Kochbuch **„Leichte Küche. Low-Carb-Rezepte für Thermomix®"**. Euch erwarten über 150 der beliebtesten Rezepte und hunderte wertvolle Tipps für einen einfachen Start in die Low-Carb-Ernährung. Es ist *das* Begleit-Kochbuch für alle, die endlich loslegen und mithilfe des Thermomix® genussvoll abnehmen wollen. Nur 29,99 Euro, www.falkemedia-shop.de

WOCHENPLÄNE FÜR JEDEN BEDARF

Mit den Rezepten dieser Ausgabe haben wir vier unterschiedliche Ernährungspläne erstellt, die euch je sieben Tage lang mit drei Gerichten pro Tag in eine Genusswelt eurer Wahl entführen. Genießt die Low-Carb- oder die Veggie-Woche, unsere Vollwert- oder die Blitzküche. Alternativ könnt ihr auch eigene Wochenpläne erstellen. Los geht's ab Seite 153!

LIEBE LESERINNEN, LIEBE LESER,

zum Jahresbeginn fühlen sich viele von uns dazu bereit, Gewohnheiten zu ändern oder sich Luft zu verschaffen – auf ganz unterschiedliche Weise. Die einen möchten nach den Festtagen einige Kilos loswerden, andere möchten einfach mal wieder etwas Neues wagen. In diesem **mein ZauberTopf** „Leichte Küche SPEZIAL" widmen wir uns den spannenden Facetten des gesunden, achtsamen Essens und zeigen auf, welche Vorteile der Thermomix® dabei mitbringt.

Jedes der über 100 Rezepte in dieser Ausgabe haben wir mit einem Augenmerk auf gute Zutaten entwickelt. Wir kochen mit Produkten von hoher Qualität, verarbeiten frisches Obst und Gemüse, greifen zu Vollkornprodukten. Fertigprodukte, Zuckerhaltiges und nährstoffarme Grundzutaten kommen hier nicht in den Mixtopf! Ihr werdet sehen, wie gut es tut, hier und da bewusst eine Zutat zu ersetzen – durch eine, die satter macht, mehr Energie liefert, weniger beschwert oder die ihr schlichtweg noch nie verwendet habt und jetzt nicht mehr missen wollt. Denn so macht es Freude, Gewohntes zu verändern und Neues zu wagen. Und jetzt viel Spaß beim Mixen und Genießen!

Herzlichst eure Vivien Koitka, Chefredakteurin

HINWEIS Bei Thermomix®, TM5® und Varoma® handelt es sich um eingetragene Marken von Vorwerk. Es bestehen keine geschäftlichen Beziehungen zu Vorwerk.

INHALT

116 ZUM FRÜHSTÜCK
Für den Low-Carb-Start gibt's Bowls, Bagels, Shakshuka & mehr!

142 KAFFEEZEIT LOW CARB
Lieblinge wie Marmorkuchen, Schokomuffins, und Biskuitrolle geschickt Low Carb gebacken

78 KREATIV MIT REIS
Die günstige Vollwertzutat kombinieren wir fünfmal anders – mit Fisch, Gemüse, Curry & Co.

26 ACHTSAMER UMGANG MIT FLEISCH
Steak, Burger, Gulasch und Tatar – wir zeigen, worauf es bei der Zubereitung von hochwertigem Fleisch ankommt

67 ZUCKERFREI
Wir zeigen, wie ihr Zucker in Gebäck und Getränken geschickt ersetzen könnt

UNSERE THEMEN

8 Power-Shots
Immunbooster mit Ingwer, Orange & Co. für den Frischekick

18 Varoma® Liebe
Herzhaft mit Feta, Pute und Lachs, süß mit Germknödel und Crème brulée

26 Fleisch mit Genuss
Fleischkonsum ja – aber bewusst!
So bereiten wir beste Qualität zu
PLUS: Fleisch im Thermomix®

42 Die beliebtesten Brote
Low-Carb-Brot, Vollkorntoast, gesunde Sonntagsbrötchen & Co.

50 Fingerfood
Bei dieser Auswahl findet jeder Gast etwas, was zu seiner Ernährung passt

60 Cocktails light
Kalorien ade – so einfach mixt ihr die besten Drinks völlig Low Carb!
PLUS: Zuckerersatz in der Küche

68 Soulfood statt Fast Food
Pizza, Döner, Ketchup und Mayo – mit Thermomix® besser selbst gemacht

78 Vielseitige Reis-Küche
Lachs, Gemüse, Gewürze und Reis – gesund und jeden Tag anders

86 Einfach mal vegan
Favoriten wie Mac and Cheese, Omelett und Frikassee mal anders
PLUS: Fleischalternativen verarbeiten

96 Kochen mit Fisch
Leicht auf lecker kombiniert – Lachs und Kabeljau zum Niederknien
PLUS: Was ist gut an fettem Fisch?

102 Snacks, die guttun
Süße Crossies, Apple Crumble, Cheesecake und pikante Happen

LOW-CARB-EXTRA

114 Was heißt Low Carb?
Das Grundprinzip der Ernährungsform und wie ihr sie in den Alltag integriert

116 Frühstück ist fertig!
Favoriten wie Bagels, Overnight-Oats und Smoothie-Bowls ganz leicht

124 Meal Prep ganz einfach
Gut vorbereitet in die Woche – 5 smarte Low-Carb-Lunch-Ideen

132 All in one & One Pot
Leichte Gerichte für jeden Tag aus Mixtopf, Garkorb und Varoma®
PLUS: Die Zoodle-Sensation

142 Kaffeezeit
Wir backen Marmor- und Apfelkuchen, Blondies und Muffins Low Carb

SERVICE

77 Neuigkeiten
Gutes aus dem Supermarktregal und spannende Produkttipps

93 ZauberTopf-Shop
Entdeckt Zubehör, Neuheiten und Geschenkideen für euren Thermomix®

110 Eine Erfolgsgeschichte
Torsten Roeder berichtet im Interview, wie er seine Ziele mit Genuss erreichte

153 Wochenpläne
Worauf habt ihr Lust? Eine Woche Low Carb oder vegetarisch, Vollwert- oder Blitzküche? Probiert alles aus!

STANDARDS

3 Editorial
6 Rezeptefinder
111 Impressum

★ Titelthemen

124 MEAL PREP
Gut vorbereitet in eine 5-Tage-Woche mit leckerem Low-Carb-Lunch

60 GENIALE COCKTAILS
Low Carberita, Light Russian und Piña Low Carba – so schmeckt's gleich noch mal so gut!

68 SOULFOOD
Einfach gesünder selbst gemixt!

Fotos: Tina Bumann (1); Anna Gieseler (4); Kathrin Knoll (1); Désirée Peikert (1); Archiv (1)

mein ZauberTopf REZEPTE DIESER AUSGABE

HERZHAFTES

S. 19 — Spinatomelett mit Lachs

S. 24 — Feta-Päckchen

S. 25 — Putenröllchen mit Pinienkern-Füllung

S. 28 — Classic Burger mit Burgersoße

S. 32 — Tatar mit Guacamole

S. 36 — Orientalische Poularde mit Couscous

S. 38 — Schweinebraten mit Knusperkruste

S. 38 — Hirschgulasch

S. 39 — Sous-vide-Rinderhüftsteak

S. 39 — Schweinefilet-Päckchen

S. 48 — Mandel-Quarkbrötchen

S. 48 — Low-Carb-Quarkbrot

S. 48 — Dinkeltoast

S. 48 — Körner-Knäcke

S. 58 — Alleskönner-Suppe

S. 58 — Veggie-Bällchen mit Joghurtdip

S. 58 — Rohkost-Blitz-Salat

S. 59 — Laugen-Bites mit Frischkäsedip

S. 74 — Schnelle Asia-Bowl

S. 74 — Fischbrötchen mit Kartoffelsalat

S. 75 — Currywurst mit Pommes

S. 76 — Vollkornpizza „Gemüsegarten"

S. 76 — Dinkel-Döner mit Joghurt-Zaziki

S. 80 — Reispfanne süßsauer mit Tofuspießen

S. 82 — Reis mit Kokossoße und Lachswürfeln

S. 82 — Ajvar-Reis mit gebackener Aubergine

S. 84 — Kürbis-Curry-Bowl

S. 84 — Reisbällchen mit Salat und Aioli (TITELREZEPT)

S. 87 — Seitan-Frikassee mit Wildreis

S. 88 — Bohnentaler mit Varoma® Gemüse

S. 90 — Vegane Mac and Cheese

S. 90 — Kräuter-Omelett mit Tomaten

S. 97 — Kabeljau mit Dillgurken

S. 97 — Rote-Bete-Suppe mit Räucherlachs

S. 98 — Low-Carb-Pizza mit Stremellachs

S. 106 — Dinkel-Waffelkonfekt

S. 108 — Dinkel-Käsecracker

S. 111 — Zucchini-Paprika-Reis mit Pfiff

S. 122 — Cream-Cheese-Bagels mit Lachs

S. 123 — Shakshuka

Diese Symbole haben wir zu allen Rezepten gesetzt. Sie zeigen, welche Ernährungskriterien ein Gericht erfüllt und helfen euch, Gerichte eurer Wahl zu individuellen Wochenplänen zu kombinieren.

VEGETARISCH · VEGAN · LAKTOSEFREI · GLUTENFREI · KALORIENARM · LOW CARB KOHLENHYDRATARM · LOW FAT FETTARM

REZEPTE UNTER WWW.ZAUBERTOPF-CLUB.DE

UNSERE VERWENDETEN SYMBOLE IM ÜBERBLICK

MIXTOPF = | **SANFTRÜHRSTUFE** = | **LINKSLAUF** = | **SPATEL** = | **TEIG-MODUS** =

S. 130
Frittata mit Tomatensalat

S. 130
Gefüllte Tomaten mit Püree

S. 130
Zoodles mit Bolognese

S. 130
Blumenkohlrisotto

S. 130
Zucchini-Kichererbsen-Salat

S. 133
Schweinefilet mit Stampf und Soße

S. 139
Pizzasuppe

S. 139
Surf-and-Turf-Spieße mit Kohlrabi

S. 140
Tomaten-Paprika-Suppe mit Joghurt

S. 140
Blumenkohl in Senf-Cheddar-Soße

S. 140
Zoodles mit Schinken-Sahne-Soße

S. 24
Mini-Germknödel mit Himbeerfüllung

SÜSSES

S. 25
Low-Carb-Crème-brulée

S. 46
Hefezopf mit Kokosmehl

S. 59
Very-Berry-Schichtdessert

S. 59
Low-Carb-Cookie-Würfel

S. 90
Bananenbrot ohne Zucker

S. 106
Apfel-Nuss-Crumble

S. 108
Zartbitter-Cross es

S. 108
„Raw" Cheesecake

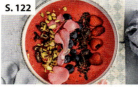
S. 122
Smoothie-Bowl „Turkish Delight"

S. 123
Frühstücks-Soufflé mit Beeren

S. 123
Vanilla-Berry-Oats

S. 123
Chocolate-Crunch-Oats

S. 148
Chocolate-Chip-Kichererbsen-Blondies

S. 150
Mandel-Marmorkuchen

S. 150
Blaubeer-Tassenkuchen

S. 151
Apfelkuchen mit Mandeln

S. 151
Schoko-Mandel-Muffins

S. 152
Matchakuchen

S. 152
Mandelbiskuitrolle mit Erdbeeren

S. 16
Tomaten-Hot-Shot

GETRÄNKE

S. 16
Kurkuma-Kick

S. 16
Green-Starter

S. 16
Grapefruit-Granate

S. 16
Triple-Orange-Power

S. 16
Saurer Ingwer-Shot

S. 17
Beeren-Bete-Booster

S. 66
Low Island Ice Tea

S. 66
Low Carberita

S. 66
Light Russian

S. 66
Piña Low Carba

S. 66
Low Carbirinha

S. 75
Low-Carb-Ketchup

BASIS-REZEPTE

S. 75
Low-Fat-Mayonnaise

REZEPTE UNTER WWW.ZAUBERTOPF-CLUB.DE

Power

Alle Shots sind in nur
5-10 Minuten gemixt!

SHOTS

Diese 7 Power-Shots haben's in sich! Randvoll mit guten Inhaltsstoffen stärken sie euer Immunsystem. Wir haben Ingwer, Rote Bete, Grapefruit & Co. köstlich kombiniert und verraten, wie sie euch mit Energie versorgen!

Rezepte: Vera Schubert | Fotos & Styling: Anna Gieseler

CHILI

Feuer frei: Verantwortlich für die Schärfe der Schote ist der Stoff Capsaicin. Er bewirkt das typische Brennen im Mund. Um diesen Reiz zu lindern, schüttet unser Körper Adrenalin und Endorphine aus – die Laune steigt! Und nicht nur das. Chili bringt den Kreislauf in Schwung, denn Capsaicin regt auch die Durchblutung an und heizt dem Körper von innen ein. Das hilft übrigens auch gegen kalte Füße. Die kleine oder große Schote wirkt zudem antibakteriell und bei Erkältungen schleimlösend.

Tomaten-Hot-Shot
Rezept auf Seite 16

Kurkuma-Kick
Rezept auf Seite 16

ORANGE & KURKUMA

Frucht trifft leichte Schärfe. Dieses farbenfrohe Duo macht Magen und Knochen fit! Kurkuma hilft dabei, die Verdauung zu verbessern, fördert die Fettverdauung in Magen und Darm und verhindert dadurch Völlegefühl. Somit werden Speisen und Getränke sehr bekömmlich. Die gelbe Wurzel gehört zur Familie der Ingwergewächse, schmeckt aber nicht so scharf wie Ingwer, sondern eher mild-würzig und leicht bitter. Orangen punkten mit einem ordentlichen Magnesiumgehalt, der die Dichte und Stabilität der Knochen verbessert. Ihr Saft stärkt außerdem euer Immunsystem.

STAUDENSELLERIE & APFEL

Frisch und knackig süß – Staudensellerie und Apfel sind die Frische-Stars. Die Stangen sind nicht nur für Figurbewusste ideal, denn sie glänzen mit einem extrem niedrigen Kalorien- und Fettgehalt, sie stecken auch voller Nährstoffe, die roh super erhalten bleiben! Ihre Bitterstoffe regen die Verdauung an, wirken entwässernd und machen rundherum fit. Äpfel sind ebenfalls reich an Nährstoffen und pushen durch ihre Vitamine eure Abwehrkräfte. Ihr Ballaststoffanteil hält den Blutzucker konstant und verringert Heißhungerattacken.

Green-Starter
Rezept auf Seite 16

Grapefruit-Granate
Rezept auf Seite 16

GRAPEFRUIT

Exotischer Schlankmacher: Grapefruit – von orangerot bis pink – ist rundum gesund. Die Zitrusfrucht liefert wirksame Ballaststoffe wie Carotinoide und Pektine sowie Vitamin C, die unseren Stoffwechsel kräftig ankurbeln und sich zudem positiv auf den Blutzucker- und Cholesterinspiegel auswirken. Die Südfrucht ist zudem fett- sowie kalorienarm und unterstützt dabei, dem Winterspeck an die Reserven zu gehen. Denn neben Ballaststoffen, die länger satt machen, enthält Grapefruit Bitterstoffe, die wiederum dazu beitragen, dass man weniger Kalorien aufnimmt.

KAROTTE & SANDDORN

Ein goldiges Powerpaar! Karotten und Sanddorn gelten als heimische Superfoods. Die knackigen Rüben und die kleinen Beeren erhalten dank reichlich Carotinoiden die Arterien geschmeidig, stärken Immun- und Nervensystem und sorgen für einen niedrigen Cholesterinspiegel im Blut. Haut und Haaren tun sie ebenfalls gut. Sanddorn punktet vor allem mit zehnmal mehr Vitamin C als Zitrusfrüchte und wirkt Müdigkeit entgegen. Ihr bekommt Sanddorn meist als gepressten Saft – wählt am besten zuckerfreie Sorten!

Triple-Orange-Power
Rezept auf Seite 16

INGWER

Sauer, knallgelb und fruchtig. Ingwer wirkt schmerzlindernd und entzündungshemmend zugleich. Die enthaltenen Scharfstoffe der Knolle wärmen euch vor innen. Vor allem morgens mobilisieren sie eure körpereigenen Kräfte. Dank der ätherischen Öle sorgen sie schnell für gute Laune, machen wach und konzentriert. Dadurch wird das Herz-Kreislauf-System und der Stoffwechsel kräftig wach gerüttelt. Ein Shot sorgt für einen richtigen Energy-Boost und fungiert als Wachmacher. Unser Tipp: Die meisten im Handel erhältlichen und oft sehr teuren fertigen Ingwer-Shots enthalten kaum Ingwer, sondern bestehen überwiegend aus Apfelsaft und Zucker. Also, lieber die hochwertigen Knollen kaufen und nichts wie ran an den Mixtopf!

Saurer Ingwer-Shot
Rezept auf Seite 16

Trendrezepte teilen wir als erstes hier:
INSTAGRAM.COM/ZAUBERTOPF.DE

Tomaten-Hot-Shot

00 05 std : min

PRO SHOT: 9 KCAL | 0 G E | 0 G F | 2 G KH
ZUTATEN FÜR 5 SHOTS À 50 ML

* 2 rote Chilischoten, entkernt, in Stücken
* 1 Knoblauchzehe
* 200 g Tomatensaft
* 1 TL getrockneter Oregano
* 2 Prisen Salz
* 2 Prisen frisch gemahlener schwarzer Pfeffer

1 | Chili und Knoblauch im 🥛 **3 Sek. | Stufe 8** zerkleinern. Mit dem 🥄 nach unten schieben.

2 | Tomatensaft, Oregano, Salz sowie Pfeffer zufügen und **1 Min. | Stufe 10** pürieren. Steril abfüllen und kalt stellen.

Kurkuma-Kick

00 05 std : min

PRO SHOT: 63 KCAL | 1 G E | 1 G F | 9 G KH
ZUTATEN FÜR 8 SHOTS À 50 ML

* 50 g Kurkuma, frisch, in Stücken
* Saft von 4 Saftorangen
* 30 g Ahornsirup
* 100 g Wasser
* 2 Prisen frisch gemahlener schwarzer Pfeffer

1 | Kurkuma im 🥛 **3 Sek. | Stufe 8** zerkleinern. Mit dem 🥄 nach unten schieben.

2 | Orangensaft, Ahornsirup, Wasser sowie Pfeffer zugeben und **1 Min. | Stufe 10** pürieren. Steril abfüllen und kühl stellen.

> **TIPP** Anstelle der Saftorangen könnt ihr auch Blutorangen verwenden.

Green-Starter

00 10 std : min

PRO SHOT: 23 KCAL | 0 G E | 0 G F | 6 G KH
ZUTATEN FÜR 10 SHOTS À 50 ML

* 150 g Staudensellerie, in Stücken
* 300 g grüne Äpfel, in Stücken
* 150 g Wasser
* Blättchen von 1 Stiel Minze

1 | Sellerie mit Äpfeln in den 🥛 geben und **30 Sek. | Stufe 5** fein zerkleinern. Zwischendurch mit dem 🥄 nach unten schieben.

2 | Wasser zufügen und **30 Sek. | Stufe 10** pürieren. Minze zugeben und weitere **30 Sek. | Stufe 10** pürieren.

3 | Den Varoma® mit einem Passiertuch oder Küchenhandtuch auslegen und auf eine Schüssel stellen. Sellerie-Apfel-Püree hineinfüllen, Ecken des Tuchs zusammendrehen und Saft herausdrücken. Alternativ durch ein feinmaschiges Sieb streifen. Saft steril abfüllen und kalt stellen.

Grapefruit-Granate

00 10 std : min

PRO SHOT: 31 KCAL | 0 G E | 0 G F | 6 G KH
ZUTATEN FÜR 13 SHOTS À 50 ML

* 30 g Ingwer
* Fruchtfleisch von 2 Grapefruits (ca. 500 g), in Stücken
* Saft von 1 Limette
* 170 g Birne, in Stücken
* 150 g Wasser

1 | Ingwer im 🥛 **3 Sek. | Stufe 8** zerkleinern. Mit dem 🥄 nach unten schieben. **>>**

---

2 | Restliche Zutaten zugeben und **1 Min. | Stufe 10** pürieren. Den Varoma® mit einem Passiertuch auslegen und auf eine Schüssel stellen. Grapefruit-Birnen-Püree hineinfüllen, Ecken des Tuchs zusammendrehen und Saft herausdrücken. Alternativ durch ein feinmaschiges Sieb streichen. Saft steril abfüllen und kalt stellen.

Triple-Orange-Power

00 05 std : min

PRO SHOT: 15 KCAL | 0 G E | 0 G F | 3 G KH
ZUTATEN FÜR 8 SHOTS À 50 ML

* 150 g Karotten, in Stücken
* 150 g Sanddornsaft
* Saft von 1 Saftorange

Karotten im 🥛 **5 Sek. | Stufe 5** zerkleinern. Mit dem 🥄 nach unten schieben, Sanddorn- sowie Orangensaft zugeben und alles **1 Min. | Stufe 10** fein pürieren. Steril abfüllen und kalt stellen.

Saurer Ingwer-Shot

00 05 std : min

PRO SHOT: 19 KCAL | 0 G E | 0 G F | 4 G KH
ZUTATEN FÜR 8 SHOTS À 50 ML

* 70 g Ingwer, in Stücken
* Saft von 3 Zitronen
* 30 g Akazienhonig

Ingwer, Zitronensaft und Honig im 🥛 **30 Sek. | Stufe 10** pürieren. Durch ein feinmaschiges Sieb streifen, steril abfüllen und kalt stellen.

> **TIPP** Wer ihn bekommt, kann Manuka-Honig verwenden. Ihm wird nachgesagt, das Immunsystem zu schützen und Erkältungen zu lindern.

Beeren-Bete-Booster

PRO SHOT: 22 KCAL | 1 G E | 0 G F | 4 G KH
ZUTATEN FÜR 12 SHOTS À 50 ML

- 1 Rote Bete (ca. 120 g), vorgegart, in Stücken
- 125 g Blaubeeren
- 250 g Schwarzer Johannisbeersaft
- Saft von 1 Limette

Alle Zutaten in den ⌣ geben und **1 Min. | Stufe 10** pürieren. Steril abfüllen und kalt stellen.

> **TIPP** Wer möchte, kann den Shot nach dem Mixen noch durch ein Passiertuch abseihen.

ROTE BETE & BLAUBEERE

Volle Kraft voraus: Ihre dunkle Farbe verdanken Rote Bete und Blaubeeren den natürlichen Farbstoffen, die antioxidative – also entgiftende – Eigenschaften besitzen. Die Pflanzenstoffe wirken unter anderem entzündungshemmend und gegen sogenannte freie Radikale, die unsere Körperzellen schädigen. Zudem bremsen sie die Hautalterung. Mit ihrem hohen Anteil an Mineralstoffen wie Eisen fördern Rote Bete und Blaubeeren die Blutbildung, machen fit und kräftig.

TIPP Die Frische macht den Unterschied: Alle Power-Shots am besten frisch zubereiten und direkt verzehren. Damit keine wertvollen Nährstoffe verloren gehen, solltet ihr sie mindestens in 3–5 Tagen verbrauchen.

REZEPTE UNTER WWW.ZAUBERTOPF-CLUB.DE

VAROMA® LIEBE

Deftig oder süß, vollwertige Gerichte und luftige Desserts – was ihr im heißen Dampf gart, ist zum einen gesünder und zum anderen schmeckt alles unvergleichlich intensiv. Überzeugt euch selbst!

Rezepte: Jennifer Dehen | Fotos & Styling: Anna Gieseler

ERLEBT, WIE WERTVOLL EUER DAMPFGARER IST!

Spinatomelett mit Lachs

00:30 std : min

PRO PORTION: 462 KCAL | 27 G E | 21 G F | 44 G KH

ZUTATEN FÜR 4 PERSONEN

★ Blättchen von 2 Stielen Petersilie
★ 6 Stiele Schnittlauch, in Röllchen
★ 5 Eier
★ 60 g Milch
★ Salz
★ frisch gemahlener schwarzer Pfeffer
★ 100 g Blattspinat
★ 100 g Lachs, in Würfeln
★ 500 g Wasser
★ 400 g kleine Kartoffeln (Drillinge)

1 Petersilie in den 🥣 geben und **2 Sek. | Stufe 7** zerkleinern. Schnittlauch, Eier, Milch, 3 Prisen Salz sowie 1 Prise Pfeffer zufügen und **5 Sek. | Stufe 10** mischen. Den Spinat mit den Lachswürfeln zugeben und **10 Sek. | Stufe 3** unterrühren.

2 Den Einlegeboden gleichmäßig mit Spezialpapier für den Varoma® oder mit Backpapier auskleiden. Die Ei-Masse hineingeben.

3 Wasser, 1 TL Salz in den 🥣 geben. Kartoffeln in den Garkorb einwiegen und **25 Min. | Varoma® | Stufe 1** garen. Nach 10 Min. den Varoma® mit der Ei-Masse aufsetzen, bis zum Ende mit garen.

4 Gestocktes Omelett zusammen mit den Pellkartoffeln anrichten und servieren.

> **TIPP** Dank der Zubereitung im Varoma® wird kein zusätzliches Fett zum Anbraten gebraucht. Das spart Kalorien und schlägt nicht auf die Hüften.

REZEPTE UNTER WWW.ZAUBERTOPF-CLUB.DE

Im Club findet ihr eine Kollektion speziell für Low-Carb-Rezepte aus dem Varoma®!
WWW.ZAUBERTOPF-CLUB.DE

Feta-Päckchen
Rezept auf Seite 24

Mini-Germknödel mit Himbeerfüllung
Rezept auf Seite 24

SO LUFTIG WIRD'S NUR IM VAROMA®

> **TIPP** Der Varoma® hält und verteilt die Temperatur gleichmäßiger als ein Backofen. Dadurch gelingen Rezepte wie dieses auf den Punkt.

HERRLICH LEICHT UND CREMIG

Low-Carb Crème brulée
Rezept auf Seite 25

Putenröllchen mit Tomaten-Pinienkern-Füllung
Rezept auf Seite 25

>**TIPP** Durch die schonende Zubereitung im Wasserdampf bleibt der Geschmack in euren Lebensmitteln erhalten. Das bedeutet, eure Gerichte können viel sparsamer gesalzen werden. Das wiederum ist gut für die Gesundheit.

Feta-Päckchen

00 : 45 std : min

PRO PORTION: 574 KCAL | 20 G E | 50 G F | 11 G KH
ZUTATEN FÜR 4 PERSONEN

* 50 g Cashewkerne
* 3 Knoblauchzehen
* Blättchen von ½ Bund Basilikum
* Blättchen von 3 Stielen Oregano
* Blättchen von 3 Stielen Thymian
* 80 g natives Olivenöl extra
* Salz
* frisch gemahlener schwarzer Pfeffer
* 2 Paprikaschoten, in Streifen
* 1 Zucchini, halbiert und in Scheiben
* 1 Aubergine, halbiert und in Scheiben
* 2 Zweige Rosmarin
* 1.000 g Wasser
* 400 g Feta

1 Die Cashewkerne in einer Pfanne ohne Fett rösten, herausnehmen und kurz abkühlen lassen. Die Knoblauchzehen in den 🥣 geben und **5 Sek. | Stufe 8** fein hacken. 1 TL Knoblauch herausnehmen, zur Seite legen und den Rest mit dem 🥄 nach unten schieben.

2 Basilikum, jeweils Blättchen von 2 Stielen Oregano und Thymian, Olivenöl sowie Cashewkerne in den 🥣 geben, **15 Sek. | Stufe 7** pürieren. Das Pesto mit Salz und Pfeffer abschmecken, umfüllen und beiseitestellen.

3 Paprika, Zucchini und Aubergine im Varoma® verteilen. 2 EL Pesto, übrige Kräuter, beiseitegestellten Knoblauch, etwas Salz sowie Pfeffer zugeben und durchmischen. Rosmarinzweige drauflegen und den Varoma® verschließen.

4 Wasser in den 🥣 füllen, Varoma® aufsetzen und **25 Min. | Varoma® | Stufe 2** garen. Währenddessen den Feta in vier gleich große Stücke teilen. Mit etwas Pesto bestreichen und mithilfe von Küchengarn in zurechtgeschnittene Backpapierbögen einpacken. Die Päckchen in den Einlegeboden setzen.

5 15 Min. vor Ende der Garzeit den Einlegeboden in den Varoma® einsetzen und den Feta mitdämpfen. Danach den Varoma® vorsichtig absetzen. Das Gemüse mit dem Käse anrichten und mit restlichem Pesto garnieren.

> TIPP Beim Abnehmen des Varoma® Deckels immer darauf achten, dass ihr ihn von euch weg öffnet, da reichlich heißer Dampf aufsteigt!

Mini-Germknödel mit Himbeerfüllung

00 : 50 std : min

PRO STÜCK: 395 KCAL | 12 G E | 16 G F | 56 G KH
ZZGL. 1 STD. RUHEZEIT
ZUTATEN FÜR 8 STÜCK

* 50 g Mohn
* 400 g Weizenkörner
* 250 g Mandelmilch
* 20 g frische Hefe
* 120 g Ahornsirup
* 50 g Margarine zzgl. etwas mehr zum Fetten
* 1 Prise Salz
* 120 g Cashewkerne, über Nacht eingeweicht
* 600 g Wasser
* Mark von 1 Vanilleschote
* etwa 120 g Himbeeren

1 Mohn im 🥣 **10 Sek. | Stufe 8** zerkleinern und umfüllen. 200 g Weizen im 🥣 **1 Min. | Stufe 10** mahlen, umfüllen, mit restlichem Weizen ebenso verfahren.

2 200 g Mandelmilch, Hefe sowie 50 g Ahornsirup in den 🥣 geben und **3 Min. | 37 °C | Stufe 2** erwärmen. Gemahlene Weizenkörner, Margarine und 1 Prise Salz zufügen, **2 Min. 30 Sek. | 🌾** zu einem Teig verkneten. Den Teig umfüllen und abgedeckt 1 Std. an einem warmen Ort gehen lassen. 🥣 spülen.

3 Cashews mit Ahornsirup, 50 g Wasser, Rest Mandelmilch, Vanillemark sowie 1 Prise Salz in den 🥣 füllen und **1 Min. 30 Sek. | Stufe 10** zu einer Soße pürieren. Umfüllen und den 🥣 spülen.

4 Nach der Ruhezeit den Teig auf einer bemehlten Arbeitsfläche durchkneten, zu einer Rolle formen und in 8 gleich große Stücke teilen. Diese mit den Händen flach drücken. Einige Himbeeren in die Mitte der Stücke geben, die Teigränder darüber zusammendrücken und zu Knödeln formen.

5 Den Varoma® und den Einlegeboden mit etwas Margarine einfetten und die Germknödel darauf verteilen. 500 g Wasser in den 🥣 füllen, den Varoma® aufsetzen und **15–20 Min. | Varoma® | Stufe 1** garen.

6 Den Varoma® absetzen, die Germknödel etwas abkühlen lassen, mit Mohn garnieren und mit der Vanillesoße servieren.

Low-Carb Crème brulée

01:00 std : min

PRO PORTION: 349 KCAL | 5 G E | 33 G F | 8 G KH
ZUTATEN FÜR 4 PERSONEN

- 200 g Sahne
- 200 g Kokosmilch (Dose)
- 4 Eigelb
- Mark von ½ Vanilleschote
- 30 g Ahornsirup
- 1 Prise Salz
- 500 g Wasser
- etwas Puderzucker zum Garnieren

1 Sahne, Milch, Eigelbe und Vanillemark in den Varoma® geben und **10 Sek. | Stufe 4** verquirlen. Anschließend Ahornsirup mit Salz zufügen und **8 Min. | 70°C | Stufe 3** aufschlagen.

2 Die Crème in 4 Förmchen (ca. 150 ml Inhalt) füllen, mit hitzebeständiger Frischhaltefolie abdecken und in den Varoma® stellen. Den spülen und das Wasser einfüllen. Den Varoma® aufsetzen und die Crème brulée **45 Min. | 120°C [TM31 bitte Varoma®] | Stufe 1** stocken lassen.

3 Vor dem Servieren die Crème brulée auskühlen lassen. Mit etwas Puderzucker bestäuben, diesen mit einem Bunsenbrenner goldbraun karamellisieren.

> **EXTRAS FÜR DEN VAROMA®**
> Für das Kochen und Backen mit dem Dampfgaraufsatz können wir ein paar hilfreiche Accessoires empfehlen.
>
> **TROPFSCHUTZ** Wollt ihr verhindern, dass Flüssigkeiten vom Einlegeboden auf das Gargut im Varoma® darunter tropft, könnt ihr **zugeschnittenes Garpapier** oder **passgenaue Gratinformen** aus Silikon einsetzen. Sie halten die Luftschlitze frei, sodass der heiße Dampf hervorragend zirkulieren kann.
>
> **MEHR VOLUMEN** könnt ihr mit dem **WunderSteam® Dampfgarkamin** oder mit dem **MaxiSteam®** erreichen. Gemüse und anderes Gargut können mit ihrer Hilfe höher gestapelt und dabei gleichmäßig gegart werden.
>
> Alle Zubehöre zeigen wir ab Seite 93.

Putenröllchen mit Tomaten-Pinienkern-Füllung

00:50 std : min

PRO PORTION: 731 KCAL | 44 G E | 36 G F | 57 G KH
ZUTATEN FÜR 4 PERSONEN

- 50 g Pinienkerne
- 2 Knoblauchzehen
- Blättchen von 4 Stielen Thymian
- Blättchen von 6 Stielen Basilikum
- 100 g getrocknete Tomaten
- 100 g Frischkäse
- 4 Putenschnitzel (à ca. 160 g)
- Salz
- frisch gemahlener schwarzer Pfeffer
- 1100 g Wasser
- 250 g Vollkornreis
- ½ Zwiebel
- 1 EL natives Olivenöl extra
- 100 g Sojasahne
- ½ TL Gemüse-Gewürzpaste

1 Pinienkerne in einer Pfanne ohne Fett anrösten, herausnehmen und etwas abkühlen lassen. Anschließend zusammen mit 1 Knoblauchzehe, Blättchen von 2 Stielen Thymian und 2 Stielen Basilikum sowie den Tomaten in den geben und alles **10 Sek. | Stufe 8** zerkleinern. Den Frischkäse zufügen und **5 Sek. | Stufe 2** verrühren.

2 Die Putenschnitzel flach klopfen, mit etwas Salz und Pfeffer würzen. Je ¼ der Tomaten-Füllung in die Mitte setzen. Fleisch zu Röllchen aufrollen und dabei die Seiten einklappen. Die Röllchen mit Küchengarn zusammenbinden und in den Varoma® setzen.

3 1000 g Wasser in den füllen, 1 ½ TL Salz zugeben, den Garkorb einsetzen und den Reis einwiegen. Den Varoma® mit dem Deckel verschließen, aufsetzen und alles zusammen **20 Min. | Varoma® | Stufe 1** garen.

4 Den Varoma® absetzen und verschlossen zur Seite stellen. Den Garkorb mithilfe des herausheben und den Reis warm stellen. Den leeren.

5 Restlichen Knoblauch mit der Zwiebel in den geben, **5 Sek. | Stufe 5** zerkleinern und mit dem nach unten schieben. Das Öl zufügen und **1 Min. | 100°C | Stufe 1** dünsten. Sahne, 100 g Wasser sowie Gewürzpaste einfüllen und alles **5 Min. | 100°C | Stufe 2** ohne Messbecher köcheln. Restliche Kräuter zugeben, **10 Sek. | Stufe 8** mixen, mit Salz und Pfeffer abschmecken. Die Putenröllchen mit dem Reis und der Soße angerichtet servieren.

> **TIPP** Das Fleisch wird durch das Dampfgaren besonders schonend gegart und gelingt dabei unvergleichlich zart und saftig.

Zarte Stücke

Uns gefällt der Gedanke, Fleisch nur selten zu verarbeiten und uns dafür Stücke von hoher Qualität zu gönnen. Wie ihr die wertvollen Produkte mit dem Thermomix® zubereiten könnt und worauf ihr beim Kauf von Fleisch achten solltet, erfahrt ihr hier!

Rezepte: Sven Hoevermann | Fotos & Styling: Anna Gieseler

Charlotte

Ich kaufe kaum noch Fleisch im Alltag, obwohl ich es liebe. Wenn, dann gehe ich nur zum Metzger meines Vertrauens und widme dem Fleisch einen richtigen „Genusstag" mit guten ausgewählten Beilagen.

Schweinebraten mit Knusperkruste
Rezept auf Seite 38

EIN GENUSS FÜR ALLE SINNE

Classic Burger mit Burgersoße

00 : 30 std : min

PRO PORTION: 526 KCAL | 33 G E | 26 G F | 42 G KH
ZZGL. 3 STD. RUHEZEIT
ZUTATEN FÜR 4 PERSONEN

- 500 g Rindfleisch, gewürfelt
- 1 Zwiebel, halbiert
- 70 g Cornichons (Glas), abgetropft
- 80 g Ketchup
- 60 g Mayonnaise
- ½ TL Currypulver
- 1 Knoblauchzehe
- 1 Ei
- 20 g Paniermehl
- 2 TL mittelscharfer Senf
- 1 TL Tomatenmark
- 1 TL Salz
- ¼ TL frisch gemahlener schwarzer Pfeffer
- Rapsöl zum Anbraten
- 4 Burgerbrötchen
- 4 Salatblätter
- 1 Tomate, in Scheiben
- 100 g Gurke, in Scheiben

1 | Das Fleisch in einen Gefrierbeutel geben, flach drücken und 2–3 Std. in das Gefrierfach legen.

2 | Für die Soße ½ Zwiebel mit Cornichons im 🥣 für **3 Sek. | Stufe 7** zerkleinern und mit dem 🔪 nach unten schieben. Ketchup, Mayonnaise sowie Currypulver hinzufügen und alles **10 Sek. | Stufe 3** vermengen. Umfüllen, kalt stellen und den 🥣 ausspülen.

3 | ½ Zwiebel und Knoblauchzehe in den 🥣 geben, **5 Sek. | Stufe 6** zerkleinern. Dann das angefrorene Fleisch zufügen und weitere **20 Sek. | Stufe 5** zerkleinern. Ei, Paniermehl, Senf, Tomatenmark, Salz sowie Pfeffer zugeben und weitere **10 Sek. | Stufe 4** vermengen.

4 | Aus der Masse 4 gleich große Pattys formen und diese in einer Pfanne mit etwas Öl bei mittlerer Hitze 6–8 Min. braten.

5 | Die Burgerbrötchen aufschneiden, mit Burgersoße, Salat, Fleischpattys, Tomate und Gurke belegen. Sofort servieren.

Feines Fingerfood

5 TOP-TIPPS FÜR DEN FLEISCH-EINKAUF

Gutes Fleisch zu erkennen ist gar nicht so einfach.
Mit unseren Tipps sichert ihr euch den vollen Fleischgenuss.

1 Die Herkunft
Bei Fleisch, auch bei Bio-Fleisch, gilt: Regional zu kaufen ist meist nachhaltiger, auch weil die Transportwege kurz sind. Metzgereien in deiner Nähe wissen, woher ihre Waren kommen. Auch Wochenmärkte, Bio-Läden und Supermärkte bieten oft (Bio-) Fleisch aus regionaler Erzeugung und artgerechter Tierhaltung an – und frag im Zweifelsfall einfach nach.

2 Konventionell oder doch lieber Bio-Fleisch?
Bei Bio-Fleisch seid ihr meist auf der sicheren Seite, da die Siegel höhere Standards zu erfüllen haben als Gütesiegel für konventionelle Produkte. Die Vorschriften sind verschärft und daher strenger in Betrachtung von artgerechter Tierhaltung, Fütterung und Umgang. Aber ob Bio oder konventionell – Fleisch von artgerecht aufgezogenen Tieren kostet einfach mehr und das aus gutem Grund.

3 Fleischfarbe und Verpackung
Neben einem neutralen Geruch und einer glatten trockenen Oberfläche könnt ihr Frische an der Farbe erkennen. Rind und Wild sollten dunkelrot, Lamm dagegen eher hell- bis kräftig rot sein. Schweinefleisch muss hell- bis sattrosa sein und Hähnchen- oder Putenfleisch ist immer hellrosa. Das beste Ergebnis in Sachen Frische von verpacktem Fleisch bekommt ihr bei Vakuum-Verpackungen und sogenannten „Skin"-Verpackungen, die wie eine zweite Haut auf dem Fleisch liegen.

4 Geschmack und Saftigkeit
Die Fettmarmorierung, die sich durch das Fleisch zieht, ist verantwortlich für den intensiv saftigen und zarten Geschmack des Fleisches. Diese Marmorierung kann sich jedoch erst dann entwickeln, wenn dem Tier eine ausreichend lange Mastzeit gegeben wurde. Deshalb gilt: je feiner die Marmorierung, desto höher die Qualität.

5 Die Menge macht's
Fleisch, auch das beste Bio-Fleisch, sollte man wertschätzen und nur in Maßen verzehren. Wer weniger und bewusster konsumiert und zum Beispiel regionales oder Bio-Fleisch auswählt, zahlt am Ende garantiert nicht mehr und tut sowohl seiner Gesundheit als auch unserem Planeten viel Gutes.

Hirschgulasch
Rezept auf Seite 38

Köstlich!

Tatar mit Guacamole

00 : 15 std : min

PRO PORTION: 319 KCAL | 25 G E | 20 G F | 13 G KH
ZZGL. 2–3 STD. KÜHLZEIT
ZUTATEN FÜR 4 PERSONEN

- 400 g Hüftsteak, in Würfeln
- Blättchen von ½ Bund Petersilie
- 20 g natives Olivenöl extra
- 2 Schalotten
- Saft von Abrieb von ½ unbehandelten Zitrone
- 1 TL Salz
- 4 Prisen frisch gemahlener schwarzer Pfeffer
- 2 Knoblauchzehen
- 1 rote Chilischote, entkernt, in Stücken
- Fruchtfleisch von 2 Avocados
- 200 g Wildkräutersalat
- 100 g Kirschtomaten, geviertelt

1 Hüftsteakwürfel in einen Vakuumbeutel geben, flach drücken und dann 2–3 Std. in das Gefrierfach legen.

2 Petersilie mit Olivenöl sowie Schalotten in den 🥣 geben und **7 Sek. | Stufe 6** zerkleinern. Mit dem 🥄 nach unten schieben. Hüftsteakwürfel zufügen, weitere **10 Sek. | Stufe 6** zerkleinern. Zitronenabrieb, ½ TL Salz sowie 2 Prisen Pfeffer in den 🥣 geben und **10 Sek. | ↩ | Stufe 2** vermengen. Umfüllen und den 🥣 reinigen.

3 Für die Guacamole die Knoblauchzehen mit der Chilischote in den 🥣 geben und **5 Sek. | Stufe 5** zerkleinern. Mit dem 🥄 nach unten schieben. Avocadofruchtfleisch, Zitronensaft, restliches Salz sowie 2 Prisen Pfeffer zufügen, **7 Sek. | Stufe 5** vermengen. Das Tatar mit der Guacamole anrichten, mit Wildkräutersalat und Tomaten garnieren.

> **TIPP** Tatar ist roh verarbeitetes Rindfleisch. Für diese Zubereitungsform ist es ganz besonders wichtig, sehr frisches Fleisch zu verarbeiten und dieses auch direkt nach der Herstellung zu verzehren. Kauft Fleisch dafür von höchster Qualität und am selben Tag, an dem ihr es zubereiten und verzehren möchtet. Wenn Reste bleiben sollten, erhitzt diese, um sie anschließend kühl zu lagern. Am besten einmal kurz scharf anbraten und kalt stellen. So könnt ihr das wertvolle Fleisch noch für eine Bolognese oder Wraps verwenden!

EINFACH RAFFINIERT

Sous-vide-Rinderhüftsteak mit Ofengemüse
Rezept auf Seite 39

Schweinefilet-Päckchen
Rezept auf Seite 39

AUF DEN PUNKT!

Orientalische Poularde mit Couscous-Salat

PRO PORTION: 970 KCAL | 48 G E | 51 G F | 82 G KH
ZUTATEN FÜR 4 PERSONEN

- 30 g getrocknete Aprikosen
- 30 g getrocknete Feigen
- 30 g getrocknete Datteln
- 50 g Cashewkerne, geröstet und gesalzen
- 4 Maispoulardenbrüste
- Salz
- Blättchen von ¼ Bund Minze
- 500 g Wasser
- 1 TL Gemüse-Gewürzpaste
- 1 TL Ras el-Hanout (Gewürz)
- 15 g Agavendicksaft
- 300 g Couscous
- frisch gemahlener schwarzer Pfeffer
- 1 gelbe Paprikaschote, in Stücken
- 1 rote Paprikaschote, in Stücken
- 1 rote Zwiebel, halbiert
- 40 g natives Olivenöl extra
- 80 g Kirschtomaten, geviertelt
- Saft und Abrieb von 1 Limette
- 200 g Joghurt

1 Backofen auf 200 °C Ober-/Unterhitze vorheizen, ein Blech mit Backpapier auslegen. Für die Füllung Aprikosen, Feigen, Datteln sowie Cashews in den geben und **20 Sek. | Stufe 4** zerkleinern. Umfüllen und den reinigen.

2 In die Maispoulardenbrüste an der Seite eine Tasche einschneiden. Etwa 3/4 der Füllung gleichmäßig in den Taschen verteilen, mit je 2 Prisen Salz würzen, auf das Backblech geben und ca. 30 Min. im heißen Ofen backen.

3 Minze waschen, trocknen, in den geben und **5 Sek. | Stufe 5** zerkleinern, umfüllen. Das Wasser mit der Gewürzpaste, Ras el-Hanout sowie Agavendicksaft in den geben und **8 Min. | 100 °C | Stufe 1** erhitzen. Couscous in eine große Schüssel geben und das kochende Wasser darübergeben, gut umrühren und einige Minuten quellen lassen. Mit 2 Prisen Salz und Pfeffer abschmecken.

4 Paprika sowie rote Zwiebel in den geben, **3 Sek. | Stufe 4,5** zerkleinern. Olivenöl, Kirschtomaten, Limettensaft sowie -abrieb zugeben und **15 Sek. | Stufe 1,5** unterheben. Das Gemüse mit der Minze zum Couscous geben. Unterheben und mit Salz und Pfeffer abschmecken. Den ausspülen.

5 Joghurt und die restliche Füllung in den geben, **30 Sek. | Stufe 3** vermengen. Mit der tranchierten Maispoulardenbrust und dem Joghurtdip servieren.

> **TIPP** Couscous ist eine geniale Zutat. Ihr braucht ihn nur mit heißem Wasser übergießen und ein paar Minuten ziehen lassen, schon ist er fix und fertig. Mit 1–2 TL Gemüse-Gewürzpaste hat er direkt eine Grundwürze. Ihr könnt ihn dann heiß oder kalt essen. Er ist eine ideale Salatbasis, ersetzt Reis und Kartoffeln als Beilage oder füllt Paprika und Tomaten aus dem Varoma®. Mit Gemüse vermengt und Käse überbacken bringt er Schwung in klassische Aufläufe. Kauft euch beim nächsten Einkauf ein Päckchen und probiert es aus!

Schweinebraten mit Knusperkruste

01 : 05
std : min

PRO PORTION: 753 KCAL | 52 G E | 50 G F | 28 G KH
ZUTATEN FÜR 4 PERSONEN

- 6 EL Rapsöl
- 800 g Schweinerücken
- Salz
- 2 Stiele Thymian
- 4 Stiele Petersilie
- 2 Zwiebeln, halbiert
- 20 g körniger Senf
- 75 g Butter
- 70 g Paniermehl
- 800 g Wirsing, in groben Stücken
- 100 g Sahne
- Abrieb von ¼ Muskatnuss
- Abrieb von 1 Zitrone
- 4 Prisen frisch gemahlener schwarzer Pfeffer

1 Backofen auf 160 °C Ober-/Unterhitze vorheizen. 2 EL Rapsöl in einer Pfanne erhitzen. Schweinerücken mit ½ TL Salz würzen und im heißen Öl von allen Seiten scharf anbraten.

2 Für die Knusperkruste Thymian, Petersilie sowie Zwiebeln in den 🍲 geben und **5 Sek. | Stufe 6** zerkleinern. 1 Prise Salz, Senf, 50 g Butter und Paniermehl zufügen, alles **20 Sek. | Stufe 3** vermengen. Die Knusperkruste gleichmäßig auf der Oberseite des Schweinerückens verteilen und leicht andrücken. Das Fleisch auf ein Rost geben und auf der mittleren Schiene des Backofens ca. 45 Min. backen. Den 🍲 reinigen.

3 Wirsing in den 🍲 geben, mithilfe des 🔪 **8 Sek. | Stufe 4,5** zerkleinern. Das restliche Öl sowie restliche Butter zufügen und den Wirsing darin **3 Min. | 100 °C | ↺ | Stufe 2** andünsten. Sahne, Muskatnuss und Zitronenabrieb zugeben, **20 Min. | 100 °C | ↺ | Stufe 1** garen. Mit Salz und Pfeffer abschmecken und mit dem Schweinebraten servieren.

> **TIPP** Wer auf die Knusperkruste verzichtet, kann dieses Gericht mit auf die Low-Carb-Liste setzen!

Hirschgulasch

01 : 40
std : min

PRO PORTION: 415 KCAL | 38 G E | 19 G F | 16 G KH
ZUTATEN FÜR 4 PERSONEN

- 2 Zwiebeln, halbiert
- 2 Zehen Knoblauch
- 40 g Rapsöl
- 700 g Hirschgulasch
- 40 g Tomatenmark
- 2 TL Wildgewürz
- 1 Lorbeerblatt
- 200 g Rotwein
- 350 g Wildfond
- 1 TL Salz
- ½ TL frisch gemahlener schwarzer Pfeffer
- 300 g Kartoffeln, geschält und in Würfeln

1 Zwiebeln und Knoblauch im 🍲 **5 Sek. | Stufe 5** zerkleinern. 10 g Öl zufügen und **3 Min. | 100 °C | Stufe 2** andünsten.

2 Restliches Rapsöl, 350 g Hirschgulasch in den 🍲 geben und **10 Min. | 120 °C [TM31 bitte Varoma®] | ↺ | 🥄** andünsten. Nach 5 Min. die restlichen 350 g Gulasch durch die Deckelöffnung in den 🍲 geben und weiterdünsten.

3 Tomatenmark, Wildgewürz, Lorbeerblatt, Rotwein, Wildfond, Salz sowie Pfeffer zufügen und alles **70 Min. | 95 °C | ↺ | 🥄** schmoren. Dann den Varoma® aufsetzen und die Kartoffelwürfel darin verteilen. Weitere **20 Min. | 100 °C | ↺ | 🥄** garen. Das Gulasch mit Salz sowie Pfeffer abschmecken und mit den Kartoffeln servieren – zum Beispiel in kleinen gusseisernen Brätern.

Aroma

Zur **Herstellung eines Wildgewürzes** 1 EL schwarzen Pfeffer, 1 EL Piment, 2 EL Wacholderbeeren in einer Pfanne 5 Min. bei geringer Hitze rösten. Auskühlen lassen. 5 Stiele Thymian waschen, trocknen und zupfen. Die ausgekühlten Gewürze mit dem Thymian in den 🍲 geben und **5 Sek. | Stufe 10** mahlen. Nun in ein Glas füllen und trocken lagern. Auch als Geschenk geeignet!

Sous-vide-Rinderhüftsteak mit Ofengemüse

01 | 20 std : min

PRO PORTION: 564 KCAL | 42 G E | 30 G F | 34 G KH
ZUTATEN FÜR 4 PERSONEN

- 4 Rinderhüftsteaks (à 180 g)
- 90 g natives Olivenöl extra
- 6 Knoblauchzehen
- 3 Zweige Rosmarin
- 6 Zweige Thymian
- 800 g Wasser
- 250 g Kartoffeln, geschält und in Würfeln
- 200 g Pastinake, in Würfeln
- 300 g Steckrübe, in Würfeln
- 150 g Rote Bete, in Spalten
- 150 g Gelbe Bete, in Spalten
- 2 Zwiebeln, in Spalten
- 1 TL Salz
- ½ TL frisch gemahlener schwarzer Pfeffer

AUSSERDEM
- 4 Vakuumbeutel (Gefrierbeutel)

1 Rinderhüftsteaks in die Vakuumbeutel geben. Jeweils 10 g Olivenöl, 1 angedrückte Knoblauchzehe, ½ Zweig Rosmarin, 1 Zweig Thymian in die Beutel geben und vakuumieren.

2 Das Wasser in den ⌂ einwiegen. Auf **55 °C | Stufe 1** erwärmen. Das Fleisch in den Garkorb legen und **70 Min. | 55 °C | Stufe 1** garen.

3 Währenddessen den Backofen auf 200 °C Ober-/Unterhitze vorheizen. Das Gemüse auf ein Backblech geben. Mit 40 g Olivenöl beträufeln, restlichen Rosmarin und Thymian zufügen, mit Salz sowie Pfeffer würzen. Gut vermengen und dann 35 Min. im heißen Ofen backen.

4 Rinderhüftsteaks aus den Vakuumbeuteln nehmen. Gut trocken tupfen. Das restliche Olivenöl in einer Pfanne erhitzen. Das Fleisch von beiden Seiten jeweils 1 Min. braten. Mit Salz und Pfeffer würzen. Garflüssigkeit aus den Vakuumbeuteln in die Pfanne geben, aufkochen, mit Salz und Pfeffer würzen. Die Steaks mit dem Ofengemüse und dem Bratsud anrichten.

> **TIPP** Anstelle von Vakuumierbeuteln könnt ihr auch wiederverwendbare Silikon-Beutel zum Sous-vide-Garen verwenden. Dann benötigt ihr auch kein Vakuumiergerät! Ihr findet diese Beute in drei verschiedenen Größen und Farben ab 13,55 Euro unter www.zaubertopf-shop.de. Die Beutel könnt ihr natürlich auch zum Aufbewahren und Lagern von Lebensmitteln verwenden, darin Zutaten einfrieren oder transportieren. Mehr dazu lest ihr auf Seite 40.

Schweinefilet-Päckchen

00 | 35 std : min

PRO PORTION: 352 KCAL | 40 G E | 14 G F | 21 G KH
ZUTATEN FÜR 4 PERSONEN

- 620 g Schweinefilet
- 2 EL Rapsöl
- Salz
- 400 g grüne Bohnen (TK)
- 4 Stiele Thymian
- frisch gemahlener schwarzer Pfeffer
- Blättchen von 2 Stielen Bohnenkraut
- 1 Knoblauchzehe
- 1 Zwiebel, halbiert
- 20 g natives Olivenöl extra
- 1 TL Zucker
- 25 g Tomatenmark
- 400 g stückige Tomaten (Dose)
- 150 g Wasser
- 1 TL Gemüse-Gewürzpaste
- 200 g weiße Bohnen, (Dose)

AUSSERDEM
- Küchengarn

1 Schweinefilet in vier gleich große Teile schneiden. Rapsöl in einer Pfanne erhitzen. Das Schweinefilet mit Salz würzen und von allen Seiten anbraten.

2 Grüne Bohnen mit den Kräutern mischen, mit ½ TL Salz und 2 Prisen Pfeffer würzen. Je ¼ der Bohnen auf ein Stück Backpapier legen. Je ein Stück Schweinefilet auf die Bohnen legen. Das Backpapier einschlagen und Päckchen mit Küchengarn fixieren.

3 Knoblauch mit der Zwiebel in den ⌂ geben und **5 Sek. | Stufe 6** zerkleinern. Olivenöl zufügen und **3 Min. | 120 °C [TM31 bitte Varoma®] | Stufe 1** andünsten. Zucker mit Tomatenmark zugeben und **2 Min. | 120 °C [TM31 bitte Varoma®] | Stufe 1** andünsten.

4 Die Tomaten, Wasser, Gewürzpaste sowie 1 Prise Pfeffer hinzufügen. Den Varoma® aufsetzen und die Schweinefiletpäckchen einlegen. Den Varoma® verschließen und alles **25 Min. | 100 °C | Stufe 1** garen.

5 Nach Ende der Garzeit den Varoma® vorsichtig abnehmen. Weiße Bohnen in die Soße geben, mit Salz und Pfeffer abschmecken. Die Schweinefilet-Päckchen portionsweise mit der Tomatensoße anrichten und servieren.

RATGEBER

KOCHEN MIT FLEISCH

Mit eurem Thermomix® könnt ihr Fleisch ganz nach eurem Geschmack verarbeiten.
Probiert die vielen Funktionen aus. Die Qualität wird euch begeistern!

SOUS-VIDE-GAREN

Keiner hält Temperaturen so gut wie der Thermomix®. Und darauf kommt es bei dieser Garmethode an. Vakuumiert das Fleisch dafür oder gebt es in wiederverwendbare, luftdicht verschließbare Silikon-Beutel. Unterschiedlich große Exemplare in hoher Qualität bekommt ihr zum Beispiel unter www.zaubertopf-shop.de.

Ihr habt **drei Möglichkeiten, im Thermomix® Sous-vide zu garen:**

1 – **Im Garkorb:** Hier finden bis zu 2 Filets Platz.
2 – **Mit der Welle:** Das Zubehörteil wird auf das Mixmesser gesetzt, sodass der Vakuumbeutel samt Gargut geschützt wird.
3 – **Mit dem WunderCap®:** Das Zubehör ersetzt das Mixmesser, so könnt ihr den vollständigen Garraum des 🥣 verwenden und bis zu 4 Filets gleichzeitig sous-vide-garen.

Die perfekte Gartemperatur für Rindersteak liegt bei 56–62 °C, für Geflügel sind 63–65 °C optimal. Stellt also **60 bzw. 65 °C | Stufe 1** ein.

WÜRSTCHEN HERSTELLEN

Im Thermomix®? Das geht! Verarbeitet euer selbst gemixtes Hackfleisch – siehe Tipp Seite 41 – **30 Sek. | 🌾** weiter. Anschließend das Brät möglichst luftfrei in einen Darm füllen, dafür könnt ihr einfach einen Spritzbeutel zu Hilfe nehmen. Das Wurstbrät in den Spritzbeutel geben, Darm auf die Tülle aufziehen und nach und nach das Brät hineinspritzen. Damit dies nicht zu schwierig wird, achtet auf eine lockere Konsistenz des Bräts und gebt ggf. etwas mehr Eis oder Wasser hinzu.

AUS GUTEM FLEISCH WÜRSTCHEN WIE VOM METZGER ZUBEREITEN – DAS SCHMECKT GLEICH NOCH MAL SO GUT!

WÜRSTCHEN IM THERMOMIX® ZUBEREITEN

Selbst gemachte und gekaufte Würstchen könnt ihr auf dem Einlegeboden des Varoma® garen – dafür 250 g Wasser in den 🥣 geben, den Varoma® mit den Würstchen aufsetzen, diesen mit dem Deckel verschließen und Würstchen **20 Min. | Varoma® | Stufe 1** garen.

40 REZEPTE UNTER WWW.ZAUBERTOPF-CLUB.DE

GEWÜRZ-HARMONIE

Dunkles Fleisch wie Rind, Wild oder Lamm verträgt kräftige Gewürze wie schwarzen Pfeffer, Senf, Rosmarin, Thymian, Lorbeer, Majoran, Knoblauch, Koriander oder Wacholder.

Helles Fleisch wie Kalb, Schwein und Geflügel profitiert von weißem Pfeffer, Thymian, Salbei, Majoran, Petersilie, Kerbel, Schnittlauch oder auch Dill.

Fertige Gewürzmischungen
Besonders unkompliziert funktioniert das Würzen mit den ZauberTopf-Bio-Gewürzmischungen „ZauberPrise", die ihr unter anderem für Fleisch und Geflügel bekommt. Das Würzen geht ganz einfach – mit nur 2 TL der Mischung werden 4 Portionen pikant gewürzt, ein Nachwürzen mit Salz und Pfeffer ist dann nicht mehr nötig. Mehr über die Bio-Mischungen erfahrt ihr auf Seite 93.

MARINADE MIXEN

Die richtige Marinade verleiht jedem Fleisch noch mehr Pep. Die Vorteile selbst gemachter Marinade: Ihr wisst genau, was drinsteckt, und ihr könnt sie exakt auf euer Fleisch und eure Vorlieben abstimmen. Mariniertes Fleisch lässt sich im Varoma® mit untergelegtem Backpapier oder auf einer Silikonbackform für den Einlegeboden garen. Verwendet als Basis einer Marinade z. B. 2 TL Fleischgewürz und vermengt es **10 Sek. | Stufe 3** mit 100 g nativem Olivenöl extra. Wer mag, zerkleinert vorher noch zusätzlich 1 Knoblauchzehe **5 Sek. | Stufe 5**.

SCHONEND DAMPFGAREN

Der Varoma® ist ein wahrer Meister, wenn es darum geht, Fleisch jeder Größe und Art zart und schonend zu garen. Das ist ein erheblicher Vorteil, denn Geschmack und Saftigkeit bleiben erhalten. Je größer das Fleischstück, desto länger die Garzeit. Legt am besten Garpapier auf den Einlegeboden.

RIND

Geschnetzeltes	20 Min.
Filets und Minutensteaks	30 Min.
1–1 ½ kg Rinderbraten	90 Min.

GEFLÜGEL

Geschnetzeltes	20 Min.
Hähnchenbrust oder Putenschnitzel	je nach Dicke 25–30 Min.
ganzes Hähnchen	ca. 75 Min.

Basis REZEPT

HACKFLEISCHGEWÜRZ

12 Kardamomkapseln und 1 TL schwarze Pfefferkörner im 🥣 **20 Sek. | Stufe 8** mahlen. 1 EL rote Pfefferbeeren, 20 g edelsüßes Paprikapulver, 10 g Schwarzkümmel, ½ TL frisch geriebene Muskatnuss und 50 g Salz zufügen, weitere **20 Sek. | Stufe 8** zerkleinern und in ein trockenes Glas abfüllen. Luftdicht verschließen.

HACKFLEISCH, SELBST GEMIXT

Frischer geht's nicht. Wenn ihr euer eigenes Hackfleisch zubereitet, spart ihr nicht nur Geld, sondern könnt auch sicher sein, dass es für euer Gericht ganz frisch ist.

Für 400 g Hackfleischfleisch gebt 400 g Rind, Schwein, Geflügel oder Wild in Stücken in einem Gefrierbeutel 2–3 Std. ins Gefrierfach legen. Dann das Fleisch aus dem Gefrierfach nehmen und im 🥣 **20 Sek. | Stufe 6** zerkleinern. Nun 1 TL Salz sowie 4 Prisen frisch gemahlenen schwarzen Pfeffer zugeben und nach Belieben andere Gewürze und Kräuter hinzufügen. Je nach gewünschter Feinheit das Fleisch mit dem 🥄 nach unten schieben und erneut **10 Sek. | Stufe 6** zerhacken. Das Fleisch möglichst sofort weiterverarbeiten.

Mandel-Quarkbrötchen
Rezept auf Seite 48

BESSER ALS VOM BÄCKER!

Toastbrot, Frühstücksbrötchen, Vollkornbrot, Knäcke und Hefezopf könnt ihr nährstoffreicher und ganz unkompliziert selbst herstellen – mithilfe der Teigstufe eures Thermomix®

Rezepte: Vera Schubert | Fotos & Styling: Anna Gieseler

Low-Carb-Quarkbrot
Rezept auf Seite 48

> **TIPP** Wenn noch Teig im 🥣 klebt, hilft es, 1 EL Mehl hineinzugeben und für 1–2 Sek. den Turbo zu starten. Die Teigreste werden so außen bestäubt, an den Rand geschleudert und ihr könnt sie mit dem 🥄 entnehmen.

Körner-Knäcke
Rezept auf Seite 48

ES DUFTET NACH TOAST ZUM FRÜHSTÜCK!

Vivien
Backen ist meine Leidenschaft. Schon als kleines Mädchen habe ich meiner Mutter dabei geholfen, Brötchenteig zu kneten, das Gebäck zu formen und zu verzieren. Dabei entspanne ich noch heute. Hier zeige ich euch meine neuesten Favoriten für „unter der Woche"!

EASY

Dinkeltoast
Rezept auf Seite 48

Hefezopf mit Kokosmehl

00 | 50 std : min

PRO SCHEIBE: 150 KCAL | 4 G E | 6 G F | 20 G KH

ZZGL. 1 STD. 5 MIN. RUHEZEIT

ZUTATEN FÜR 1 ZOPF (20 SCHEIBEN)

- **120 g Maisstärke zzgl. etwas mehr zum Bestäuben**
- **110 g Kokosmehl**
- **65 g Reismehl**
- **55 g Maismehl**
- **15 g Johannisbrotkernmehl**
- **200 g Milch**
- **50 g Agavendicksaft**
- **20 g frische Hefe**
- **50 g weiche Butter, in Stücken**
- **60 g Rosinen**
- **Abrieb von ½ unbehandelten Zitrone**
- **Mark von ½ Vanilleschote**
- **15 g brauner Rum**
- **1 Prise Salz**
- **2 Eier zzgl. 1 Eigelb zum Bestreichen**
- **80 g Mandelstifte**
- **30 g Hagelzucker**

1 | Maisstärke, Kokosmehl, Reismehl, Maismehl sowie Johannisbrotkernmehl in den geben, **3 Sek. | Stufe 3,5** vermengen und umfüllen.

2 | 100 g Milch, Agavendicksaft sowie Hefe in den geben und **3 Min. | 37°C | Stufe 1** verrühren. 5 Min. ruhen lassen.

3 | Die Mehlmischung mit 100 g Milch, Butter, Rosinen, Zitronenabrieb, Vanillemark, Rum, Salz sowie Eiern in den geben und **3 Min. |** geschmeidig kneten. Den Teig in eine Schüssel geben und abgedeckt mind. 30 Min. an einem warmen Ort gehen lassen.

4 | Sobald der Teig merklich aufgegangen ist, diesen auf eine mit Maisstärke bestäubte Arbeitsfläche geben. In 3–4 Kugeln teilen, diese zu Strängen formen und locker flechten. Klebt der Teig, wieder etwas Stärke zugeben. Den Backofen auf ca. 40 °C Umluft vorheizen.

5 | Den Zopf auf ein mit Backpapier belegtes Blech legen, in die mittlere Schiene des Backofens schieben. Zopf darin abgedeckt erneut mind. 30 Min. ruhen lassen, bis er ein zweites Mal aufgegangen ist.

6 | Hefezopf aus dem Ofen nehmen und den Ofen auf 180 °C Ober-/Unterhitze aufheizen. Zopf mit dem zimmerwarmen verquirlten Eigelb bestreichen, mit Mandelstiften und Hagelzucker bestreuen. 25 Min. goldgelb backen. Abkühlen lassen und frisch verzehren.

> **TIPP** Wir haben hier eine glutenfreie Mehlmischung anstelle von Weizenmehl verwendet. Den Hagelzucker könnt ihr auch weglassen, wenn ihr möchtet.

ZUM BRUNCH
ODER ZUR KAFFEEZEIT

>**TIPP** Knetet ihr Hefe- oder andere schwere Teige, bleibt zur Sicherheit immer nah beim Thermomix®, da er sich auf der Arbeitsfläche bewegen kann. Falls nötig, haltet ihn bis zum Ablauf des Vorgangs am Griff des Geräts oben fest.

Mandel-Quarkbrötchen

00 : 35 std : min

PRO STÜCK: 245 KCAL | 17 G E | 16 G F | 12 G KH

ZZGL. 30 MIN. RUHEZEIT
ZUTATEN FÜR 4 STÜCK

- 2 Eier
- 150 g Quark
- 40 g Mandelmehl
- 30 g Flohsamen
- 10 g Chiasamen
- 10 g Sesam
- 2 TL Backpulver
- 1 Prise frisch geriebene Muskatnuss
- ½ TL Salz
- 50 g Kürbiskerne, zum Garnieren

1 | Die Eier mit dem Quark in den ◯ geben und für **30 Sek. | ∦** verrühren. Mit dem ∖ nach unten schieben.

2 | Mandelmehl, Flohsamen, Chiasamen, Sesam, Backpulver, Muskatnuss sowie Salz zufügen und **20 Sek. | ∦** vermengen. Teig in eine Schüssel geben und abgedeckt 30 Min. quellen lassen.

3 | Den Backofen auf 180 °C Umluft vorheizen. Mit angefeuchteten Händen 4 Brötchen formen, ringsum mit Kürbiskernen bedecken und auf ein mit Backpapier belegtes Blech legen. Etwa 30 Min. goldbraun backen. Etwas abkühlen lassen und noch warm servieren.

Dinkeltoast

00 : 50 std : min

PRO SCHEIBE: 118 KCAL | 4 G E | 2 G F | 22 G KH

ZZGL. 1 STD. RUHEZEIT
ZUTATEN FÜR 18 SCHEIBEN

- 250 g Dinkelkörner
- 300 g Wasser
- 20 g frische Hefe
- 15 g Honig
- 30 g Butter zzgl. etwas mehr zum Fetten der Backform
- 250 g Dinkelmehl Type 630
- 20 g Leinsamen
- 1 TL Salz

1 | Dinkelkörner in den ◯ geben, **1 Min. | Stufe 10** mahlen und umfüllen. Wasser, Hefe, Honig und Butter im ◯ **2 Min. | 37 °C | Stufe 3** verrühren.

2 | Eine Kastenform (26 cm Länge) fetten. Gemahlenen Dinkel, Dinkelmehl, Leinsamen sowie Salz in den ◯ füllen und **3 Min. | ∦** verkneten. Teig in die Kastenform geben und abgedeckt etwa 1 Std. gehen lassen.

3 | Backofen auf 180 °C Umluft vorheizen. Das Toastbrot 40 Min. backen, herausnehmen und abkühlen lassen.

Low-Carb-Quarkbrot

01 : 05 std : min

PRO SCHEIBE: 198 KCAL | 11 G E | 14 G F | 9 G KH

ZZGL. 40 MIN. RUHEZEIT
ZUTATEN FÜR 18 SCHEIBEN

- 50 g Chiasamen
- 50 g Wasser
- 4 Eier
- 200 g Quark
- 20 g natives Olivenöl extra
- 120 g Sonnenblumenkerne
- 80 g geschrotete Leinsamen
- 80 g Kürbiskerne
- 100 g Sesam
- 40 g Mohn
- 65 g gehackte Mandeln
- 20 g Kokosmehl
- 1 TL Salz

1 | Chiasamen in Wasser einweichen und 30 Min. quellen lassen. Backofen auf 180 °C Ober-/Unterhitze vorheizen. Kastenform mit Backpapier auslegen.

2 | Eier, Quark sowie Öl in den ◯ geben und **15 Sek. | Stufe 5** verrühren. Übrige Zutaten zufügen und **3 Min. | ∦** zu einem glatten Teig verkneten. In die vorbereitete Form geben. Im heißen Ofen 60 Min. backen. In der Form auskühlen lassen.

Körner-Knäcke

01 : 05 std : min

PRO STÜCK: 97 KCAL | 4 G E | 5 G F | 10 G KH

ZUTATEN FÜR 24 STÜCK

- 4 EL natives Olivenöl extra zzgl. etwas mehr zum Einölen
- 150 g Dinkelkörner
- 100 g Haferflocken
- 50 g Kürbiskerne
- 50 g Sonnenblumenkerne
- 50 g Sesam
- 50 g Leinsamen
- 1 TL Salz
- 500 g Wasser

1 | Backofen auf 150 °C Umluft vorheizen. Zwei Bleche mit Backpapier auslegen und diese mit etwas Öl bepinseln.

2 | Dinkelkörner in den ◯ geben und **1 Min. | Stufe 10** mahlen. Die restlichen Zutaten hinzufügen und **3 Min. | ∦** vermengen.

3 | Die Masse auf die beiden Bleche verteilen und dünn ausstreichen. 15 Min. im Ofen backen, Bleche herausnehmen, mit einem Pizzaroller in Stücke schneiden und anschließend ca. 40 Min. fertig backen.

48 REZEPTE UNTER WWW.ZAUBERTOPF-CLUB.DE

mein ZauberTopf Club

5.000 REZEPTE VON MEIN ZAUBERTOPF FÜR DICH UND DEINEN THERMOMIX®
SORGEN FÜR NOCH MEHR ABWECHSLUNG, MIX-SPASS UND GENUSS

551 REZEPTE
LOW CARB

2.622 REZEPTE
SCHNELLE REZEPTE

335 REZEPTE
ALL IN ONE

760 REZEPTE
KIDS

818 REZEPTE
BROTE & KUCHEN

1.097 REZEPTE
PASTAGERICHTE

DAS BIETET DIR DER ONLINE-CLUB FÜR THERMOMIX® NUTZER

✓ **ÜBER 5.000 REZEPTE**
für den Thermomix® – und wöchentlich werden es mehr

✓ **VIELE GENIALE BACKREZEPTE**
für jeden Hobbybäcker, der Kuchen und Kekse liebt

✓ **PRAKTISCHER KOCHMODUS**
für die schnelle Umsetzung deiner Rezepte

✓ **SCHNELL UND EINFACH**
bequeme Suche nach Rezept, Kategorie oder Zutaten

✓ **RIESIGE VIELFALT**
etliche Kollektionen mit unseren besten Rezepten

✓ **GANZ BEQUEM**
im Monats-Abo jederzeit zum Folgemonat kündbar

✓ **BLICK IN UNSERE KÜCHE**
tolle Videos mit Anleitungen, Tipps und Rezepten rund um Thermomix®

✓ **KOSTENLOS**
alle Magazine und Bücher von mein ZauberTopf gratis als Digitalausgabe lesen (jährlich über 100 € Ersparnis gegenüber dem Kauf)

Werde jetzt Mitglied im mein ZauberTopf-Club und erhalte rund um die Uhr Zugriff auf über 5.000 Rezepte. Einfach anmelden, 31 Tage kostenlos testen und anschließend im Jahresabo für nur 3 Euro im Monat alle Vorzüge genießen!
JETZT ANMELDEN: WWW.ZAUBERTOPF-CLUB.DE

mein ZauberTopf ist eine Publikation aus dem Hause falkemedia und steht in keinerlei Verbindung zu den Unternehmen der Vorwerk-Gruppe. Die Marken „Thermomix®", „TM5®" und „Varoma®" sowie die Produktgestaltungen des „Thermomix®" sind eingetragene Marken der Unternehmen der Vorwerk-Gruppe. Für die Rezeptangaben in mein ZauberTopf ist ausschließlich falkemedia verantwortlich.

FINGER FOOD

Hier kommen unser leicht bekömmlichen Leckereien für die Einladung zum Büffet oder als Mitbringsel zum Brunch. Alle können in kleinen Portionen gesnackt werden und für jeden Ernährungstyp ist etwas dabei! Bis Geselligkeit wieder möglich ist, schmeckt auch alles bei einem gemütlichen Kino-Abend zu zweit auf dem Sofa mit der Lieblingsromanze …

Rezepte: Tessa Prignitz
Fotos & Styling: Anna Gieseler

Alleskönner-Suppe
Rezept auf Seite 58

> **HINWEIS** Wir hoffen, dass sich die Lage bald wieder etwas enspannt und gemütliche Abende mit unseren Freundinnen und Freunden wieder problemlos stattfinden können. Bis dahin gilt: Probiert doch schon mal, was euren Liebsten schmecken würde, und gönnt eurer Familie die leckeren Snacks als Wochenendbüfett.

Veggie-Bällchen mit Joghurtdip
Rezept auf Seite 58

STATT FRIKADELLEN GIBT'S VEGGIE-HÄPPCHEN

Rohkost-Blitz-Salat
Rezept auf Seite 58

Laugen-Bites mit Frischkäsedip
Rezept auf Seite 59

OHNE ZUCKER SÜSS GENIESSEN

Very-Berry-Schichtdessert
Rezept auf Seite 59

Low-Carb-Blondies mit Schoko-Drops
Rezept auf Seite 59

Alleskönner-Suppe

00:40 std:min

PRO PORTION: 101 KCAL | 2 G E | 6 G F | 13 G KH
ZUTATEN FÜR 6 PERSONEN

- Blättchen von 4 Stielen Koriander
- 1 Zwiebel, halbiert
- 20 g Ingwer, in kleinen Stücken
- ½ rote Chilischote, entkernt
- 30 g Rapsöl
- 500 g Karotten, in Stücken
- 100 g Staudensellerie, in Stücken
- 700 g Wasser
- 1 ½ TL Gemüse-Gewürzpaste
- 1 unbehandelte Limette
- 100 ml Sojasahne
- 1 TL Currypulver
- ½ TL Kreuzkümmelpulver
- ½ TL edelsüßes Paprikapulver
- frisch gemahlener schwarzer Pfeffer
- Salz

1 | Koriander in den 🍵 geben und **3 Sek. | Stufe 8** zerkleinern, umfüllen. Den 🍵 spülen. Zwiebel, Ingwer sowie Chili in den 🍵 geben und **10 Sek. | Stufe 5** zerkleinern. Mit dem 🥄 nach unten schieben. Öl zufügen und **3 Min. | 100 °C | Stufe 2** andünsten.

2 | Karotten mit Sellerie dazugeben und **4 Sek. | Stufe 7** zerkleinern. Mit dem 🥄 nach unten schieben und **3 Min. | 100 °C | Stufe 2** weiterdünsten. Mit Wasser sowie Gewürzpaste ablösen und **25 Min. | 100 °C | Stufe 2** kochen lassen.

3 | Limette heiß abspülen und trocknen, die Schale fein abreiben und den Saft auspressen. 1 EL Schale sowie 2 EL Saft zusammen mit der Sojasahne sowie den Gewürzpulvern in den 🍵 geben und die Suppe **45 Sek. | Stufe 4–6–8** aufsteigend pürieren. Mit Salz und Pfeffer abschmecken, mit Koriander bestreut servieren.

> **TIPP** Die Suppe heißt „Alleskönner-Suppe", da sie alle gängigen Ernährungskriterien erfüllt. Sie ist vegan, laktose- und glutenfrei, Low Fat und Low Carb und hat sogar nur wenige Kalorien. Perfekt also für ein Büfett mit unterschiedlichsten Gästen.

Veggie-Bällchen mit Joghurtdip

01:10 std:min

PRO STÜCK MIT DIP: 83 KCAL | 3 G E | 2 G F | 13 G KH
ZUTATEN FÜR 20 STÜCK

- 1 Zwiebel, halbiert
- 1 Knoblauchzehe
- 1 Karotte, in Stücken
- 75 g rote Paprikaschote, in Stücken
- 20 g Rapsöl zzgl. etwas mehr
- 100 g Tellerlinsen, am Vortag eingeweicht
- 150 g Goldhirse
- 80 g glutenfreie Haferflocken
- 3 TL Flohsamenschalen
- 250 g Wasser
- 2 TL Gemüse-Gewürzpaste
- ½ TL Ras el-Hanout (Gewürz)
- ½ TL Kreuzkümmelpulver
- 5 Prisen frisch gemahlener schwarzer Pfeffer
- Blättchen von 2 Stielen Petersilie
- Blättchen von 2 Stielen Koriander
- 350 g Joghurt
- ½ TL Salz
- Holzspieße

1 | Zwiebel, Knoblauch, Karotte sowie Paprika in den 🍵 geben und **10 Sek. | Stufe 5** zerkleinern. Mit dem 🥄 nach unten schieben, Öl zufügen und **1 Min. | 100 °C | Stufe 2** andünsten. Die Linsen mit Hirse, Haferflocken, Flohsamenschalen, Wasser sowie Gewürzpaste zugeben und alles **35 Min. | 80 °C | ↺ | Stufe 2** garen. Die Gewürzpulver und 3 Prisen Pfeffer mithilfe des 🥄 **1 Min. | ↺ | Stufe 2** untermischen.

2 | Den Backofen auf 200 °C Ober-/Unterhitze vorheizen. Die Mischung etwas abkühlen lassen und mit leicht geölten Händen walnussgroße Bällchen formen. Diese auf mit Backpapier ausgelegten Blechen verteilen und im Ofen 15–20 Min. goldbraun backen. Den 🍵 säubern.

3 | Inzwischen Kräuter in den 🍵 geben und **3 Sek. | Stufe 8** zerkleinern. Mit dem 🥄 nach unten schieben, Joghurt zufügen und **10 Sek. | Stufe 3** unterrühren. Mit Salz und Rest Pfeffer würzen, beiseitestellen. Bleche aus dem Ofen nehmen, auf einem Kuchenrost abkühlen lassen. Dann jeweils 3–4 Gemüsebällchen mit etwas Abstand auf Spieße stecken und mit dem Joghurtdip servieren.

Rohkost-Blitz-Salat

00:10 std:min

PRO PORTION: 139 KCAL | 3 G E | 7 G F | 16 G KH
ZUTATEN FÜR 6 PERSONEN

- 30 g Rauchmandeln
- 350 g Rote Bete, in Stücken
- 100 g Karotten, in Stücken
- 200 g Äpfel, in Vierteln
- Blättchen von 2 Stielen Petersilie
- Blättchen von 2 Stielen Koriander
- 10 g natives Olivenöl extra
- 25 g Zitronensaft
- 15 g heller Balsamicoessig
- Salz
- frisch gemahlener schwarzer Pfeffer
- 200 g Feldsalat

1 | Mandeln in den 🍵 geben, **2 Sek. | Stufe 5** zerkleinern und umfüllen. Den 🍵 spülen.

2 | Alles, abgesehen von Feldsalat und Rauchmandeln in den 🍵 geben. **2 Sek. | Stufe 5** zerkleinern. Je nach Vorliebe den Vorgang evtl. noch einmal wiederholen.

3 | Feldsalat waschen, putzen und trocken schleudern. Zusammen mit der Rohkostmischung in eine große Schüssel geben, grob vermengen und mit Rauchmandeln garniert servieren.

> **TIPP** Gemüse „in Stücken" bedeutet bei **mein ZauberTopf** immer: So grob schneiden, dass die Stücke durch die Öffnung des 🍵-Deckels passen. So verkantet das Mixmesser nicht, sondern zerkleinert alles wie gewünscht. Je gleichmäßiger ihr die Stücke vorbereitet, desto gleichmäßiger gelingt auch das Ergebnis.

Laugen-Bites mit Frischkäsedip

00 | 40 std : min

PRO PORTION: 472 KCAL | 23 G E | 13 G F | 68 G KH

ZUTATEN FÜR 6 PERSONEN

* 100 g Milch
* 1650 g Wasser
* 20 g frische Hefe
* 30 g weiche Butter
* 1 TL Zucker
* 500 g Dinkelvollkornmehl zzgl. etwas mehr zum Bearbeiten
* 10 g Salz
* 3 EL Natron
* je 15 g Kürbiskerne, Sonnenblumenkerne, Leinsamen
* 30 g getrocknete Tomaten, abgetropft, in Stücken
* Blättchen von 3 Stielen Thymian
* 400 g körniger Frischkäse
* ½ TL rosenscharfes Paprikapulver
* 4 Prisen frisch gemahlener schwarzer Pfeffer

1 | Milch, 150 g Wasser, Hefe, Butter und Zucker in den ⌬ geben, **2 Min. | 37 °C | Stufe 1** erwärmen. Mehl mit Salz zufügen, **2 Min. | ⚙** zu einem glattem Teig verarbeiten. Auf eine bemehlte Arbeitsfläche geben, mithilfe des ⟨ Portionen abstechen und zu walnussgroßen Kugeln formen. Den ⌬ spülen.

2 | Backofen auf 180 °C Ober-/Unterhitze vorheizen. In einem Topf das übrige Wasser mit dem Natron aufkochen. Die Teigstücke portionsweise mit einer Schaumkelle hineingeben. Im heißen Wasser 30 Sek. ziehen lassen. Zwischendurch wenden. Mit der Schaumkelle herausheben, gut abtropfen lassen. Auf Bleche mit Backpapier verteilen, mit Kürbis-, Sonnenblumenkernen und Leinsamen bestreuen.

3 | Bleche nacheinander 15–20 Min. backen. Herausnehmen, auf einem Kuchengitter abkühlen lassen. Tomaten mit Thymian in den ⌬ geben und **5 Sek. | Stufe 8** zerkleinern. Mit dem ⟨ nach unten schieben. Frischkäse zufügen, **20 Sek. | ⟲ | Stufe 2** untermischen. Mit Paprikapulver und Pfeffer abschmecken. Zu den Laugen-Bites servieren.

Very-Berry-Schichtdessert

00 | 30 std : min

PRO PORTION: 449 KCAL | 30 G E | 16 G F | 47 G KH

ZUTATEN FÜR 6 GLÄSER À 290 ML

* 50 g gemischte Nüsse
* 50 g kernige Haferflocken
* 65 g Honig
* 10 g Erdnussbutter
* ¼ TL Zimtpulver
* 200 g Haferkekse
* 1000 g Quark
* Mark von 1 Vanilleschote
* 600 g Beerenmischung (TK), aufgetaut und abgetropft

1 | Den Backofen auf 180 °C Ober-/Unterhitze vorheizen. Nüsse, Haferflocken, 20 g Honig, Erdnussbutter sowie Zimt in den ⌬ geben und **5 Sek. | Stufe 5** zerkleinern, weitere **10 Sek. | Stufe 5 | ⟲** verrühren. Die Nusscrunch-Mischung auf einem mit Backpapier ausgelegten Blech verteilen und 8 Min. im heißen Ofen goldbraun backen. Herausnehmen und abkühlen lassen. Den ⌬ spülen.

2 | Die Haferkekse im ⌬ **5 Sek. | Stufe 5** zerkleinern und umfüllen. Den ⌬ spülen. Quark, Vanillemark sowie restlichen Honig in den ⌬ geben und **10 Sek. | Stufe 3** glatt rühren. Mit dem ⟨ nach unten schieben und **10 Sek. | Stufe 3** verrühren.

3 | Abwechselnd Quarkcreme, Beeren und Keksbrösel in die Gläser schichten, dabei mit der Quarkcreme abschließen. Den abgekühlten Nusscrunch mit den Fingern grob zerbröckeln und als letzte Schicht auf das Dessert geben. Bis zum Servieren im Kühlschrank lagern.

> **TIPP** Für dieses süße Dessert braucht's keinen Extrazucker. Die Süße kommt durch die Früchte und den Honig.

Low-Carb-Cookie-Würfel

00 | 40 std : min

PRO STÜCK: 128 KCAL | 5 G E | 6 G F | 15 G KH

ZUTATEN FÜR 12 STÜCKE

* Kokosöl zum Bearbeiten
* 240 g Kichererbsen (Dose)
* 1 reife Banane, in Stücken
* 75 g Erdnussmus
* 60 g Ahornsirup
* Mark von 1 Vanilleschote
* 25 g Mandelmehl
* 2 Prisen Salz
* ½ TL Backpulver
* 80 g Zarbitter-Schoko-Tropfen

1 | Backofen auf 175 °C Ober-/Unterhitze vorheizen. Eine Form (26 cm × 17 cm) mit Kokosöl einfetten.

2 | Kichererbsen abgießen, mit kaltem Wasser gründlich abspülen und abtropfen lassen. Zusammen mit den restlichen Zutaten, bis auf die Schoko-Tröpchen, in den ⌬ geben und für **40 Sek. | Stufe 5** zu einem glatten Teig verarbeiten.

3 | 60 g der Schoko-Drops mit dem ⟨ unter die Masse heben und anschließend alles in die Form geben und glatt streichen. Die restlichen Schoko-Tröpchen darauf verteilen.

4 | Cookie im heißen Ofen 25–30 Min. backen, herausnehmen und in der Form auf einem Kuchengitter abkühlen lassen. Anschließend in Würfel geschnitten servieren.

LUST AUF MEHR?

In unserer Kollektion „Low Carb Backen. Für die schlanke Linie" findet ihr Gebäck wie Brötchen, Kuchen, Torten, Waffeln und mehr, die low-carb zubereitet werden!

Ⓩ WWW.ZAUBERTOPF-CLUB.DE

REZEPTE UNTER WWW.ZAUBERTOPF-CLUB.DE

Cocktail NIGHT

Bye-bye zu herkömmlichen Cocktail-Kalorienbomben. Wir stoßen mit euch an – und zwar mit umwerfenden Low-Carb-Drinks, die ihr feiern werdet. Cheers!

Rezepte, Fotos & Styling: Desirée Peikert

FIX

Alle Cocktails in 5 Minuten gemixt!

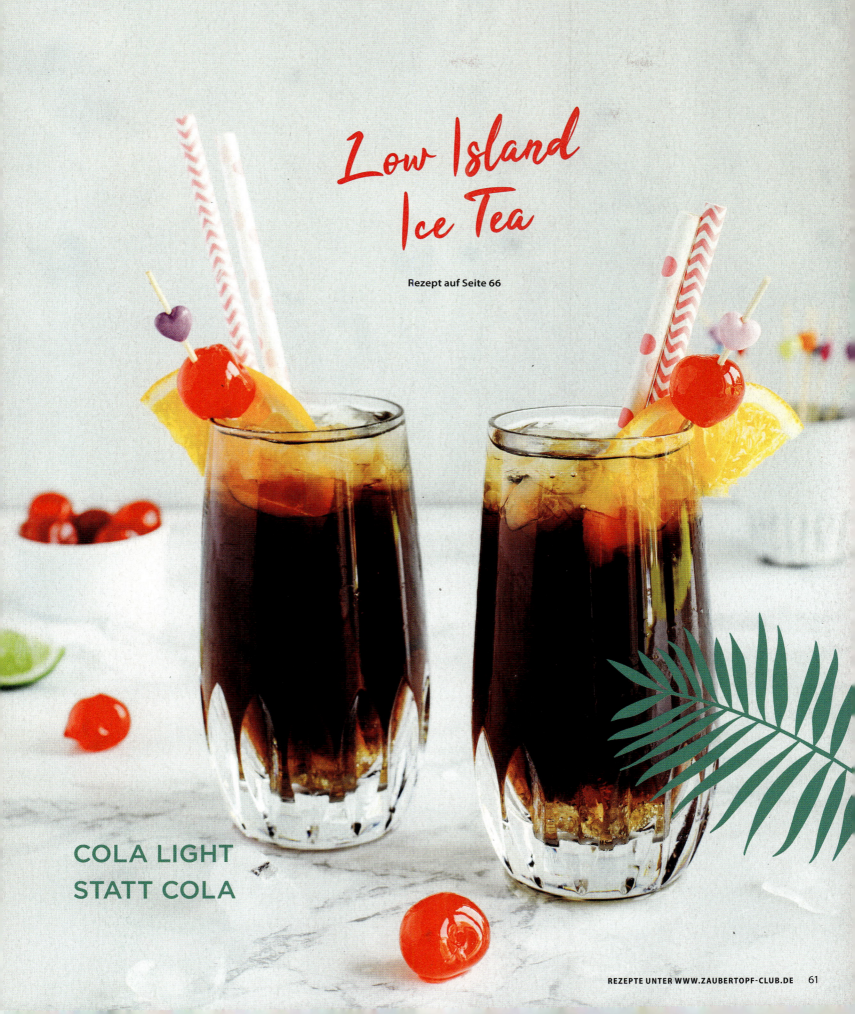

Low Island Ice Tea

Rezept auf Seite 66

COLA LIGHT STATT COLA

Besucht uns auf unserem Food-Blog!
WWW.ZAUBERTOPF.DE/REZEPTE

Light Russian

Rezept auf Seite 66

LOW-FAT-MILCH
STATT SAHNE

FETTREDUZIERTE KOKOSMILCH UND UNGESÜSSTES STATT GEZUCKERTES OBST

Piña Low Carba

Rezept auf Seite 66

Low Carberita

Rezept auf Seite 66

FRISCHE FRÜCHTE STATT ZUCKRIGER SIRUP

Low Island Ice Tea

 00:05 std:min

PRO GLAS: 382 KCAL | 0 G E | 0 G F | 4 G KH
ZUTATEN FÜR 4 GLÄSER

- 450 g Eiswürfel
- 50 g Wodka
- 50 g weißer Rum
- 50 g Tequila
- 50 g Gin
- 30 g „Cointreau"
- 70 g Limettensaft
- 530 g Cola light

1 | Eiswürfel in den 🍲 geben, **4 Sek. | Stufe 5** crushen und auf 4 Cocktailgläser verteilen.

2 | Dann Wodka, Rum, Tequila, Gin, „Cointreau" und Limettensaft in den 🍲 geben, **5 Sek. | Stufe 3** vermischen. Die Alkoholmischung auf 4 Gläser verteilen, mit Cola auffüllen und sofort servieren.

Light Russian

00:05 std:min

PRO GLAS: 137 KCAL | 2 G E | 1 G F | 10 G KH
ZUTATEN FÜR 4 GLÄSER

- 360 g Eiswürfel
- 80 g Wodka
- 80 g Kaffeelikör
- 280 g eiskalte H-Milch (1,5 % Fett)

1 | Ein Glas auf den Deckel des 🍲 stellen, 80 g Eiswürfel, 20 g Wodka und 20 g Kaffeelikör einwiegen. Mit 3 weiteren Gläsern ebenso verfahren. 🍲 mit kaltem Wasser ausspülen.

2 | Eiskalte Milch in den fettfreien 🍲 geben und **3 Min. | Stufe 4** schlagen. Nun **3 Min. | 70 °C | Stufe 2** erwärmen. Milchschaum auf die Gläser verteilen und servieren.

Low Carbirinha

00:05 std:min

PRO GLAS: 157 KCAL | 0 G E | 0 G F | 24 G KH
ZUTATEN FÜR 4 GLÄSER

- 100 g „Xucker Bronxe"
- 160 g „Pitú"
- 800 g Eiswürfel
- 50 g Wasser
- 4 unbehandelte Limetten, geviertelt

1 | „Xucker" im 🍲 **8 Sek. | Stufe 10** pulverisieren. „Pitú", Eiswürfel sowie Wasser zugeben und **2–3 Sek. | Stufe 5** crushen.

2 | Die geviertelten Limetten zugeben und 2- bis 3-mal je **1 Sek. | Turbo** drücken. In Gläser umfüllen und Strohhalm servieren.

Low Carberita

00:05 std:min

PRO GLAS: 115 KCAL | 2 G E | 0 G F | 13 G KH
ZUTATEN FÜR 4 GLÄSER

- 500 g Erdbeeren (TK)
- 80 g Limettensaft
- 50 g Tequila
- 40 g „Cointreau"
- 1 Prise Salz
- 250 g Eiswürfel

Alle Zutaten in den 🍲 geben, **30 Sek. | Stufe 8** mixen. Auf 4 Gläser verteilen und sofort servieren.

Piña Low Carba

00:05 std:min

PRO GLAS: 173 KCAL | 2 G E | 4 G F | 14 G KH
ZUTATEN FÜR 4 GLÄSER

- 350 g Ananasstücke mit Saft (Dose), ungezuckert
- 100 g fettreduzierte Kokosmilch (Dose)
- 130 g weißer Rum
- 120 g Kokosjoghurt
- 200 g Eiswürfel

Ananas mit Saft, Kokosmilch, Rum, Kokosjoghurt und Eiswürfeln in den 🍲 geben, **20 Sek. | Stufe 6** mixen, in 4 Cocktailgläser füllen und sofort servieren.

> Noch 5 Minuten bis zum Feierabend-Cocktail! Auch wenn die Cocktails Low Carb sind – sie enthalten alle Alkohol. Wir zeigen auf, wie ihr die übrigen zuckrigen Zutaten smart ersetzt.

RATGEBER

ZUCKERERSATZ

In der Low-Carb-Ernährung ist die Reduzierung von Zucker extrem wichtig. Doch manchmal müssen wir uns das Leben auch versüßen. Wie gut, dass es Alternativen zum Kochen und Backen gibt!

BELIEBTES STEVIA

Stevia gehört zu den beliebtesten Zuckeralternativen, denn es enthält fast gar keine Kalorien oder Kohlenhydrate. Der Zucker der Stevia-Pflanze hat eine leicht bittere Note und erinnert etwas an Lakritz. Vor allem aber schmeckt Stevia 300-mal süßer als Zucker. Das heißt für euch: sparsam verwenden. Am besten setzt ihr Stevia für Desserts, Getränke und zum Kochen ein. Fürs Backen fehlt das Volumen, das Zucker sonst hat.

ERYTHRIT UND „XUCKER"

Erythrit ist ein kalorienarmer Zuckerersatz, der diesem ähnlich schmeckt und etwa 70 Prozent seiner Süßkraft hat. Deswegen dosiert ihr Erythrit am besten etwas höher. Eine Mischung aus Erythrit und Xylit (s. u.) im Verhältnis 1 : 1 ergibt „Xucker" – dieser eignet sich super zum Backen. Er ist leicht löslich und versüßt Getränke und Dessert. Zum Marmeladekochen eignet sich Erythrit aber nicht, da er kristallisiert.

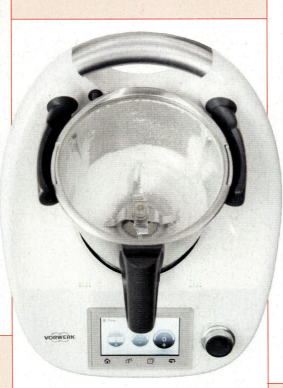

WAS IST MIT HONIG, SIRUP & CO.?

Im Gegensatz zu herkömmlichem Haushaltszucker enthalten Bienenhonig, Agavendicksaft, Ahornsirup oder Kokosblütenzucker Vitamine, Mineralien und Spurenelemente. Gleichzeitig punkten sie jeweils mit ihrem natürlichen Eigengeschmack und sind zum Kochen, Backen oder zum Süßen von Drinks geeignet. Während Honig und Agavendicksaft eine stärkere Süßkraft als Haushaltszucker haben, sind Ahornsirup und Kokosblütenzucker weniger intensiv. Allerdings gilt für alle: Sie sind kohlenhydratreich und somit **keine Low-Carb-Alternativen**, wenn ihr Zucker in Rezepten ersetzen möchtet. In sehr kleinen Mengen oder zum Abschmecken können sie aber durchaus eingesetzt werden.

BIRKENZUCKER: XYLIT

Diese Zuckeralternative wird aus Birkenrinde gewonnen und ist äußerst beliebt. Denn beim Kochen und Backen könnt ihr Kristallzucker ganz einfach 1 : 1 durch Xylit ersetzen. Xylit löst sich schnell auf, deswegen eignet er sich super für Cocktails und Getränke. Der Zuckerersatz schmeckt neutraler als Erythrit, dafür ist er nicht ganz so gut verträglich und sollte nur in Maßen verwendet werden. Übrigens: Xylit beugt Karies vor, weshalb er oft in Kaugummi und Zahnpasta vorkommt!

PUDERZUCKER – SO GEHT'S!

Ihr gebt 250 g Erythrit oder Xylit in den 🥣 und pulverisiert dann **20 Sek. | Stufe 10**. Da es dabei recht stark staubt, könnt ihr ein Stück Küchentuch auf den 🥣 legen und erst danach den Messbecher einsetzen, bevor ihr die Zutat pulverisiert. Den Puderzucker könnt ihr für einen Low-Carb-Guss oder wie gewohnt zum Bestäuben eures Gebäcks verwenden.

KÜNSTLICHE SÜSSSTOFFE

Süßstoffe wie Aspartam, Saccharin und Sucralose stecken oft in Light-Produkten. Sie sind umstritten, da sie in Verdacht stehen, Nebenwirkungen auszulösen. Meist haben sie einen chemischen Beigeschmack. Zum Kochen und Backen sind sie ungeeignet. Wichtig: Süßstoffe können abführend wirken. Verwendet sie möglichst nie oder selten.

SOULFOOD
statt Fast Food

Burger, Döner oder Currywurst – manchmal muss es echtes Seelenfutter sein. Mit dem Thermomix® und vollwertigen Zutaten bereitet ihr die Imbiss-Classics ab jetzt selbst – und vor allem gesund – zu!

Rezepte: Vera Schubert | Fotos & Styling: Anna Gieseler

Fischbrötchen mit Kartoffelsalat
Rezept auf Seite 74

> **TIPP** In den besonders beliebten Basis-Lebensmitteln aus dem Supermarkt stecken leider viel zu oft Inhaltsstoffe, die gar nicht nötig sind. In Ketchup ist es der Zucker- und in Mayonnaise der Fettgehalt, der deutlich zu hoch ist. Wir zeigen euch, wie ihr mit dem Thermomix® eure Basics ganz leicht zucker- und fettarm zubereiten könnt.

Low-Carb-Ketchup
Rezept auf Seite 75

Low-Fat-Mayonnaise
Rezept auf Seite 75

Vollkornpizza „Gemüsegarten"
Rezept auf Seite 76

Dinkel-Döner mit Joghurtsoße
Rezept auf Seite 76

Schnelle Asia-Bowl

00:35 std : min

PRO PORTION: 776 KCAL | 30 G E | 28 G F | 107 G KH

ZUTATEN FÜR 4 PERSONEN

- ★ 2½ cm Ingwer
- ★ 35 g Sesamöl
- ★ 1½ TL Chiliflocken
- ★ 120 g Sojasoße
- ★ 1530 g Wasser
- ★ 20 g dunkler Balsamicoessig
- ★ 20 g Honig
- ★ 20 g Erdnussmus
- ★ Saft und Abrieb von ½ unbehandelten Limette
- ★ ½ TL Salz
- ★ 200 g Zuckerschoten
- ★ 200 g Brokkoli, in kleinen Röschen
- ★ 200 g Karotte, in Streifen
- ★ 150 g Zucchini, in Streifen
- ★ 200 g Shiitake-Pilze, in Scheiben (siehe auch Tipp unten)
- ★ 150 g Edamame (TK), ohne Schoten
- ★ 2 TL Sesam
- ★ 30 g Erdnusskerne
- ★ 30 g Macadamiakerne
- ★ 200 g Tofu, in Würfeln
- ★ 300 g Reisbandnudeln

1 Den Ingwer in den ⌻ geben und **2 Sek. | Turbo** zerkleinern. Mit dem ↧ nach unten schieben. 15 g Sesamöl mit den Chiliflocken zufügen und **2 Min. | 100°C | Stufe 1** dünsten. Sojasoße, 30 g Wasser, Balsamicoessig, Honig, Erdnussmus, Limettensaft und Salz zugeben und **5 Min. | Varoma® | Stufe 2** garen. Die Soßenmischung umfüllen.

2 1500 g Wasser in den ⌻ geben. Zuckerschoten, Brokkoli, Karotten, Zucchini und Shiitake-Pilze im Varoma® und auf dem Einlegeboden verteilen, den Varoma® aufsetzen, Deckel auflegen und **20 Min. | Varoma® | Stufe 1** garen.

3 Den Varoma® absetzen, den Garkorb einsetzen und Edamame hineingeben. Den Varoma® aufsetzen und nach Packungsanweisung bzw. weitere **5–6 Min. | Varoma® | Stufe 1** fertig garen.

4 Inzwischen in einer großen Pfanne ohne Fett den Sesam leicht anrösten und umfüllen. Nusskerne in die Pfanne geben, leicht anrösten und ebenfalls umfüllen. 20 g Sesamöl in die Pfanne geben, erhitzen, den Tofu zufügen. Unter gelegentlichem Umrühren goldbraun anbraten und umfüllen.

5 Den Varoma® abnehmen und den Garkorb mithilfe des ↧ entnehmen. Die Reisnudeln in den ⌻ geben und Zeit gemäß Packungsanweisung **90°C | ↺ | ⇋** garen.

6 Inzwischen das Gemüse in die Pfanne umfüllen, mit der Soße übergießen und ziehen lassen. Die Reisnudeln abgießen, mit kaltem Wasser kurz abspülen und abtropfen lassen. In die Pfanne geben und alles vorsichtig vermengen. Auf Schüsseln verteilen, Tofu daraufgeben und mit Limettenabrieb, Nüssen und Sesam bestreut servieren.

> TIPP Anstelle von Shiitake-Pilzen könnt ihr auch Champignons verwenden. Wollt ihr das Gericht vegan zubereiten, verwendet anstelle von Honig entweder Reissirup oder Rohrzucker. Gemüse könnt ihr ganz individuell austauschen, verwendet z. B. auch mal grüne Bohnen, Paprika oder frische Sprossen. Anstelle von Tofu könnt ihr nach Wunsch auch Hühnchen oder Rind verwenden, dieses einfach in kleine Stücke schneiden und anstelle des Tofus in der Pfanne anbraten.

Fischbrötchen mit Kartoffelsalat

00:45 std : min

PRO PORTION: 684 KCAL | 38 G E | 21 G F | 88 G KH

ZUTATEN FÜR 6 PERSONEN

- ★ 2 altbackene Brötchen, in Stücken
- ★ 4 Zwiebeln, halbiert, 1 davon in Ringen
- ★ Spitzen von 2 Stielen Dill
- ★ Blättchen von 2 Stielen Petersilie
- ★ 4 Cornichons, in Stücken
- ★ 60 g selbst gemachte Mayonnaise siehe Seite 75
- ★ 100 g Sahnejoghurt
- ★ ½ Bund Schnittlauch, in Röllchen
- ★ Salz
- ★ frisch gemahlener schwarzer Pfeffer
- ★ 600 g Seelachsfilet (TK), in Stücken
- ★ 2 Eier
- ★ 2 TL „ZauberPrise Fisch" (s. Tipp)
- ★ ½ TL rosenscharfes Paprikapulver
- ★ Rapsöl zum Einfetten
- ★ 500 g Gemüsebrühe
- ★ 1000 g Kartoffeln, in Scheiben
- ★ 30 g Sonnenblumenöl zzgl. etwas mehr zum Anbraten
- ★ 20 g Branntweinessig
- ★ 15 g mittelscharfer Senf
- ★ 6 Vollkorn-Dinkelbrötchen
- ★ 6 Salatblätter

1 Altbackene Brötchen in den ⌻ geben, **3 Sek. | Stufe 5** zerkleinern und umfüllen. Den ⌻ spülen. Die Zwiebelhälften im ⌻ **3 Sek. | Stufe 5** zerkleinern und umfüllen. Dill, Petersilie sowie Cornichons in den ⌻ geben, **5 Sek. | Stufe 5** zerkleinern und mit dem ↧ nach unten schieben. Mayonnaise, Joghurt, Schnittlauch, 2 Prisen Salz sowie Pfeffer zugeben und **5 Sek. | Stufe 3** vermischen. Die Remoulade umfüllen und kühl stellen.

2 Seelachsfilet, Paniermehl, die Hälfte der zerkleinerten Zwiebeln, Eier, „ZauberPrise Fisch" sowie Paprikapulver in den ⌻ geben und **30 Sek. | Stufe 4,5** mithilfe des ↧ vermischen. Varoma® und Einlegeboden mit Rapsöl einfetten. Aus der Fischmasse 6 Frikadellen formen und im Varoma® und auf dem Einlegeboden verteilen. Den ⌻ ausspülen.

3 Brühe in den ⌻ geben, Garkorb mit Kartoffelscheiben einsetzen, den Varoma® aufsetzen und alles **25 Min. | Varoma® | Stufe 1** garen.

4 Den Varoma® abnehmen und den Garkorb mithilfe des ↧ entnehmen. Die Garflüssigkeit umfüllen und beiseitestellen. Die Kartoffeln in eine Salatschüssel umfüllen. In einer Pfanne etwas Öl erhitzen und die Frikadellen von beiden Seiten golden anbraten.

5 80 g Garflüssigkeit, Sonnenblumenöl, Branntweinessig, Senf, restliche zerkleinerte Zwiebeln, 1 TL Salz sowie 3 Prisen Pfeffer in den ⌻ geben und **5 Sek. | Stufe 3** verrühren. Dressing zu den Kartoffelscheiben geben, umrühren und abschmecken.

6 Die Brötchen halbieren, mit Salatblatt, Frikadelle, Remoulade sowie Zwiebelringen belegen und mit dem Kartoffelsalat servieren.

> TIPP Als Alternative zur „ZauberPrise" verwendet einfach 1 Prise mehr Salz und Pfeffer sowie ½ TL Fenchelpulver und 1 TL getrockneten Dill.

74 REZEPTE UNTER WWW.ZAUBERTOPF-CLUB.DE

Currywurst mit Pommes

01 : 05 std : min

PRO PORTION: 633 KCAL | 27 G E | 34 G F | 60 G KH
ZZGL. 3 STD. RUHEZEIT
ZUTATEN FÜR 4 PERSONEN

- ★ 200 g Schweinebauch, in Stücken
- ★ 300 g Schweinenacken, in Stücken
- ★ 100 g Eiswürfel
- ★ 1½ TL Salz
- ★ ½ TL frisch gemahlener schwarzer Pfeffer
- ★ 1 TL getrockneten Majoran
- ★ ½ TL Currypulver
- ★ ¼ TL frisch geriebene Muskatnuss
- ★ ¼ TL Kardamompulver
- ★ 1 Msp. Ingwerpulver
- ★ 500 g Wasser
- ★ 1000 g gemischtes Gemüse (z.B. Kartoffeln, Süßkartoffeln, Pastinaken, Karotten), in Stiften
- ★ 2 EL natives Olivenöl extra
- ★ 1 TL getrockneten Rosmarin
- ★ Zwiebel, halbiert
- ★ 1 rote Chilischote, entkernt
- ★ 15 g natives Olivenöl extra
- ★ 50 g Tomatenmark
- ★ 1 TL Salz
- ★ 3 Prisen frisch gemahlener schwarzer Pfeffer
- ★ 2 TL Currypulver zzgl. etwas mehr zum Bestreuen
- ★ 1 Msp. Zimtpulver
- ★ 1 EL Honig
- ★ 100 g Orangensaft
- ★ 200 g selbst gemachter Low-Carb-Ketchup (siehe rechts)
- ★ 10 g Apfelessig
- ★ 2 EL Rapsöl zum Anbraten

1 Für die Currywurst das Fleisch 2–3 Std. einfrieren, dann aus dem Gefrierfach nehmen. Eiswürfel im ⌒ **4 Sek. | Stufe 8** zerkleinern und umfüllen. Schweinebauch **20 Sek. | Stufe 10** zerkleinern und umfüllen. Schweinenacken **20 Sek. | Stufe 7** zerkleinern. Mit ⌇ nach unten schieben. Eis und Gewürze zufügen und **30 Sek. | Stufe 5** vermengen, dabei nach und nach zerkleinerten Schweinebauch durch die Deckelöffnung zugeben. Anschließend **25 Sek. | ⌇** verkneten.

2 Das Wurstbrät in 4 Teile teilen und in hitzebeständiger Frischhaltefolie zu 4 Würsten einrollen. Die Enden der Folie jeweils verdrehen. Die eingewickelten Würste auf dem Einlegeboden verteilen. Das Wasser in den ⌒ füllen, den Varoma® aufsetzen und die Würste **25 Min. | Varoma® | Stufe 2** garen.

3 Inzwischen Ofen auf 200 °C Umluft vorheizen. Gemüsestifte in eine Schüssel geben, 2 EL Öl und Rosmarin zugeben und vermengen. Auf mit Backpapier belegte Bleche verteilen und im Ofen 20–25 Min. backen.

4 Zwiebel und Chilischote in den ⌒ geben, **5 Sek. | Stufe 5** zerkleinern. Mit dem ⌇ nach unten schieben, Olivenöl zufügen und **2 Min. | Varoma® | Stufe 2** dünsten. Tomatenmark, Salz, Pfeffer, Currypulver, Zimt und Honig zugeben, erneut **2 Min. | Varoma® | Stufe 2** dünsten. Orangensaft, Ketchup und Apfelessig zugeben, ohne Messbecher **15 Min. | 100 °C | Stufe 1** köcheln, dabei den Garkorb als Spritzschutz aufsetzen. Anschließend **15 Sek. | Stufe 6** pürieren.

5 Rapsöl in einer Pfanne erhitzen, die Bratwürste darin rundum bei mittlerer Hitze anbraten. Bratwürste in Scheiben schneiden, mit Currysoße und den Gemüsepommes anrichten und mit etwas Currypulver bestreut servieren.

> **TIPP** Wenn es mal besonders schnell gehen soll, könnt ihr auch gekaufte Currywurst vom Metzger eures Vertrauens verwenden.

Basis REZEPTE

Low-Carb-Ketchup

00 : 40 std : min

PRO PORTION (30 ML): 14 KCAL | 0 G E | 1 G F | 2 G KH
ZUTATEN FÜR 3 GLÄSER À 330 ML

2 Schalotten, 2 Knoblauchzehen sowie 20 g Ingwer in den ⌒ geben, **4 Sek. | Stufe 5** zerkleinern und mit dem ⌇ nach unten schieben. 15 g natives Olivenöl extra zufügen und **2 Min. | 120 °C [TM31 bitte Varoma®] | Stufe 2** andünsten. 40 g getrocknete Soft-Tomaten zugeben und **5 Sek. | Stufe 5** zerkleinern. Mit dem ⌇ nach unten schieben. 800 g passierte Tomaten, 15 g mittelscharfen Senf, 30 g Rotweinessig, 30 g Xylit, 1 Lorbeerblatt, ½ TL edelsüßes Paprikapulver, 1 Msp. Nelkenpulver, 1 Msp. Pimentpulver, ½ TL Chiliflocken, 1 ½ TL Salz und ½ TL frisch gemahlenen schwarzen Pfeffer in den ⌒ füllen und alles **35 Min. | 100 °C | Stufe 2** ohne Messbecher köcheln lassen. Dabei den Garkorb als Spritzschutz auf den Deckel setzen. Lorbeerblatt entnehmen und anschließend **30 Sek. | Stufe 6** pürieren. Den Ketchup in sterile Gläser abfüllen, verschließen und vollständig abkühlen lassen.

> **HALTBARKEIT** Kühl lagern und nach dem Öffnen innerhalb weniger Tage aufbrauchen.

Low-Fat-Mayonnaise

00 : 05 std : min

PRO PORTION (30 G): 38 KCAL | 1 G E | 3 G F | 0 G KH
ZZGL. 2 STD. RUHEZEIT
ZUTATEN FÜR 1 GLAS À 450 ML

400 g Seidentofu in Stücken, 40 g natives Olivenöl extra, Saft von ½ Zitrone, 2 TL Dijonsenf, 1 TL Agavendicksaft, 2 Prisen Salz sowie 2 Prisen frisch gemahlenen schwarzen Pfeffer in den ⌒ geben und **10 Sek. | Stufe 5** pürieren. Ggf. wiederholen, bis die Masse cremig ist. Sollte die Masse zu fest sein, einfach etwas Wasser zufügen und erneut pürieren. Mayonnaise abschmecken und umfüllen. Vor dem Verzehr mind. 2 Std. kühl stellen.

> **VARIANTE** Für eine Aioli zerkleinert zunächst 2–3 Knoblauchzehen **2 Sek. | Turbo**, fahrt dann mit dem Rezept fort. Auch Kräuter und Zitrone passen dazu.

> **HALTBARKEIT** Innerhalb von 1 Woche aufbrauchen.

Vollkornpizza „Gemüsegarten"

00:45 std : min

PRO PORTION: 830 KCAL | 43 G E | 35 G F | 92 G KH

ZZGL. 1 STD. RUHEZEIT

ZUTATEN FÜR 4 PERSONEN

- 300 g Dinkelkörner
- 280 g Wasser
- 10 g Honig
- 20 g frische Hefe
- 100 g Dinkelmehl Type 630
- 2½ TL Salz
- 35 g natives Olivenöl extra zzgl. 1–2 EL zum Beträufeln
- 1 Zwiebel, halbiert
- 2 Knoblauchzehen
- 400 g stückige Tomaten (Dose)
- 1 TL getrockneter Oregano
- 1 TL getrockneter Thymian
- ½ TL getrockneter Rosmarin
- Blättchen von 2 Stielen Basilikum, in Streifen
- 2 Prisen frisch gemahlener schwarzer Pfeffer
- 2 Mozzarella (à 125 g), in Scheiben
- 1 kleiner Brokkoli, in kleinen Röschen
- 100 g Cocktailtomaten, in Scheiben
- 1 gelbe Paprikaschote, geviertelt, in schmalen Streifen
- 250 g braune Champignons, in Scheiben
- 1 rote Zwiebel, halbiert, in Ringen
- 25 g Pinienkerne
- 60 g Parmesan, in Stücken
- 60 g Rucola

1. Dinkel in den ⌬ geben, **1 Min. | Stufe 10** mahlen und umfüllen. Wasser, Honig sowie Hefe in den ⌬ geben und **3 Min. | 37°C | Stufe 2** verrühren. Gemahlenen Dinkel, Dinkelmehl, 1 ½ TL Salz sowie 20 g Olivenöl zugeben und **2 Min. | ⚙** kneten. In eine Schüssel umfüllen und abgedeckt an einem warmen Ort 1 Std., oder bis sich der Teig verdoppelt hat, gehen lassen.

2. Inzwischen Zwiebel mit Knoblauch in den ⌬ geben und **3 Sek. | Stufe 8** zerkleinern. Mit dem Spatel nach unten schieben. 15 g Olivenöl zufügen und **2 Min. | Varoma® | Stufe 2** andünsten. Tomaten zugeben, **20 Min. | 90°C | Stufe 1** kochen. Garkorb als Spritzschutz auf den Deckel aufsetzen. Getrocknete Kräuter, Basilikum, 1 TL Salz und Pfeffer zufügen, **10 Sek. | Stufe 3** verrühren.

3. Ofen auf 250°C Umluft vorheizen. Den Pizzateig auf eine bemehlte Arbeitsfläche geben und in zwei Teile teilen, dünn ausrollen und auf zwei mit Backpapier belegte Bleche legen. Mit der Tomatensoße bestreichen und dem Mozzarella belegen. Pizzen mit Brokkoli, Cocktailtomaten, Paprika, Champignons sowie Zwiebelringen belegen und im Ofen 15–20 Min. knusprig backen.

4. Inzwischen die Pinienkerne in einer Pfanne ohne Fett anrösten, umfüllen und abkühlen lassen.

5. Parmesan in den ⌬ geben und **6 Sek. | Stufe 8** zerkleinern. Bleche aus dem Ofen nehmen, Pizzen mit Parmesan sowie Pinienkernen bestreuen und mit dem Rucola belegen. Mit etwas Olivenöl beträufeln und sofort servieren.

> **TIPP** Wenn ihr wie auf dem Bild runde Pizzen zubereiten möchtet, teilt den Teig in 4 Teile und rollt diesen kreisrund aus. Wie die Blechpizzen belegen und immer zwei Pizzen nacheinander im Ofen backen.

Dinkel-Döner mit Joghurtsoße

01:00 std : min

PRO PORTION: 781 KCAL | 45 G E | 23 G F | 102 G KH

ZZGL. 30–45 MIN. RUHEZEIT

ZUTATEN FÜR 4 PERSONEN

- 300 g Wasser
- 20 g frische Hefe
- 450 g Dinkelmehl Type 630
- 1 EL Grieß
- 40 g natives Olivenöl extra zzgl. etwas Öl zum Anbraten
- Salz
- 400 g Rotkohl, in groben Stücken
- 20 g Branntweinessig
- 15 g Honig
- frisch gemahlener schwarzer Pfeffer
- 4 Knoblauchzehen
- 1 Gurke, entkernt, in Stücken
- 400 g Sahnejoghurt
- 2 rote Zwiebeln, 1 halbiert, 1 in Ringen
- 400 g Hähnchenbrustfilets, in dünnen Streifen
- 1 TL Kreuzkümmelpulver
- ½ TL edelsüßes Paprikapulver
- ½ TL rosenscharfes Paprikapulver
- ½ TL getrockneter Thymian
- ½ TL getrockneter Oregano
- ½ TL Cayennepfeffer
- etwas Schwarzkümmel zum Bestreuen
- ¼ Eisbergsalat, in Stücken
- 2 Tomaten, in Scheiben
- Chiliflocken

1. Für die Pide Wasser mit Hefe in den ⌬ geben und **3 Min. | 37°C | Stufe 2** erwärmen. Mehl, Grieß, 10 g Olivenöl sowie ½ TL Salz zufügen und **2 Min. | ⚙** kneten. Teig in eine Schüssel umfüllen und abgedeckt an einem warmen Ort 30–45 Min. gehen lassen. ⌬ spülen.

2. Rotkohl im ⌬ **3 Sek. | Stufe 4** zerkleinern. Mit dem Spatel nach unten schieben. 30 g Olivenöl, Branntweinessig, Honig, ½ TL Salz und 2 Prisen Pfeffer zugeben, weitere **3 Sek. | Stufe 4** mithilfe des Spatels zerkleinern. Krautsalat **3 Min. | ↺ | Stufe 2** verkneten. In eine Schüssel umfüllen und ziehen lassen. Den ⌬ spülen.

3. 2 Knoblauchzehen in den ⌬ geben, **3 Sek. | Stufe 8** zerkleinern, mit dem Spatel nach unten schieben. Gurke zufügen und **4 Sek. | Stufe 5** zerkleinern. Joghurt, ½ TL Salz und 3 Prisen Pfeffer zugeben, **5 Sek. | Stufe 2** verrühren. Die Soße umfüllen und kalt stellen.

4. Ofen auf 220°C Umluft vorheizen. Zwiebel mit 2 Knoblauchzehen **3 Sek. | Stufe 7** im ⌬ zerkleinern und mit Spatel nach unten schieben. Hähnchenstreifen mit Kreuzkümmel, Paprikapulver, Thymian, Oregano, Cayennepfeffer und 1 TL Salz zugeben, **15 Sek. | ↺ | Stufe 2** vermengen, umfüllen und kalt stellen.

5. Pideteig in 4 Teile teilen und zu runden Fladen formen. Mit scharfem Messer ein Rautenmuster einschneiden, mit etwas Wasser bestreichen und mit Schwarzkümmel bestreuen. Fladen im Ofen etwa 8 Min. backen und auf einem Gitter abkühlen lassen. Inzwischen Fleisch in einer Pfanne mit etwas Öl anbraten.

6. Fladen zu zwei Dritteln einschneiden, mit Krautsalat, Eisbergsalat, Tomate, Fleisch, Soße und Zwiebelringen belegen. Mit Chiliflocken bestreut servieren.

> **TIPP** Für einen vegetarischen Döner könnt ihr anstelle von Fleisch 500 g braune Champignons klein schneiden und wie im Rezept würzen und anbraten.

NEUIGKEITEN

FRISCH IM REGAL

Schaut euch im Supermarkt um – es gibt immer wieder neue Produkte, die ihr ausprobieren könnt. Hier sind die Entdeckungen unserer Regal-Safari!

NERVENNAHRUNG

Geröstete Sojabohnen und Mandeln sowie süßsäuerliche Cranberrys versorgen uns mit reichlich Proteinen und Vitamin E. Ihr könnt den Mix pur snacken, die Mischung an Salate oder Gebäck geben oder in Sekunden zu einem leckeren Nuss-Frucht-Aufstrich vermixen. Alle Zutaten des „BIO Protein-Mix" von Seeberger stammen aus ökologischer Landwirtschaft. Jetzt neu für ca. 3 Euro, www.seeberger.de

NEUE NUDEL-VIELFALT

Naturbelassen, aus purem Getreide und reinem Wasser in Deutschland hergestellt: Drei neue Sorten bereichern das Sortiment der Reihe GENUSS PUR von 3 Glocken: „Dinkel Posthörnchen", „Dinkel Bandnudeln" und „Vollkorn Spiralen" auf Basis von Dinkel und Vollkorn. Sie bringen mit kräftigem, leicht nussigem Geschmack tolle Abwechslung auf den Teller. In der gesunden Vollwert-Küche sind sie unsere neuen Favoriten! 350 g je ca. 1,60 Euro, www.3glocken.de

KIWI-KICK

Tut euch etwas Gutes mit Dinkel- oder Weizenvollkornwaffeln, getoppt mit Skyr und Zespri Green Kiwis! Vollkorn enthält wertvolle Ballaststoffe, die die Verdauung fördern, Skyr versorgt euch mit einer Extraportion Protein und Kiwi hilft dabei, die Proteine zu verwerten – die perfekte Kombi für eine gesunde Ernährung! Rezeptideen und Infos unter www.zespri.com

ERFRISCHEND VOLLMUNDIG

Frischer Geschmack und seidige Textur – Harvest Moon präsentiert eine laktosefreie Bio-Milch-Alternative. Kokosnuss, Cashew, Reis und Hefeflocken verleihen dem Drink eine Qualität, die frischer Kuhmilch besonders nahe kommt. Das Beste: Die Alternative lässt sich auch hervorragend schäumen und eignet sich somit toll für Kaffeespezialitäten! Ca. 3 Euro, www.harvestmoon.de

GUTE ZUTAT

Das Kokosrapsöl von 1845 ist vegan und kann sowohl in der kalten als auch warmen Küche eingesetzt werden. Sein milder Kokosgeschmack gibt Salaten, Suppen und Gebäck eine frische Note! 500 ml, ab ca. 5 Euro, www.1845-oel.de

FÜR WAHRE PORRIDGE-FANS

So niedlich, praktisch und multifunktional: Der auslaufsichere Thermobecher von 3Bears hält euer Porridge bis zu zwölf Stunden warm, Overnight Oats ebenso lange kalt. Durch die große Öffnung könnt ihr die Mischung aus dem Mixtopf einfach einfüllen! Zum Set gehört ein klappbarer Edelstahllöffel zum Mitnehmen. 420 ml, ca. 25 Euro, www.3bears.de

REZEPTE UNTER WWW.ZAUBERTOPF-CLUB.DE 77

ASIA-REISE

Reis ist fester Bestandteil der asiatischen Küche. Wir zeigen euch erfrischende Ideen, wie ihr die vielseitige Zutat herrlich leicht und überraschend kreativ zu schnellen Gerichten kombinieren könnt

Reis mit Kokossoße und Lachswürfeln
Rezept auf Seite 82

Kürbis-Curry-Bowl
Rezept auf Seite 84

Alexandra

Ich habe immer Reis auf Vorrat – Mann und Kind bekomme ich damit auf jeden Fall glücklich. Ich freue mich daher über neue Ideen für mehr Variation und auch mal Deftiges ohne Fleisch, das trotzdem alle essen!

Reispfanne süßsauer mit Tofuspießen

PRO PORTION: 545 KCAL | 32 G E | 15 G F | 74 G KH
ZUTATEN FÜR 4 PERSONEN

- 1.700 g Wasser
- 250 g Spitzen-Langkornreis, z.B. von reis-fit
- 400 g Brokkoli, in Röschen
- 1 gelbe Paprikaschote, in Streifen
- 2 Karotten, in Scheiben
- 500 g Tofu, gewürfelt
- 1 kleine Ananas, gewürfelt
- 8 EL dunkle Sojasoße
- ¼ TL Kreuzkümmelpulver
- ¼ TL Paprikapulver
- 2 EL Sesamsaat
- 150 g Gemüsebrühe
- 1 EL Tomatenmark
- 1 EL Honig
- 3 EL helle Sojasoße
- 1 EL Stärke
- 100 g Sojasprossen
- 1 EL Sesamöl

AUSSERDEM
- 12 Spieße

1 | Das Wasser in den 🍲 füllen, den Garkorb einsetzen und den Reis hineingeben. Das Gemüse im Varoma® verteilen und diesen verschlossen aufsetzen. Alles **20 Min. | Varoma® | Stufe 1** garen.

2 | Den Tofu abwechselnd mit der Ananas auf 12 Spieße stecken, dabei etwa ¼ der Ananas zurückbehalten. 5 EL dunkle Sojasoße, Kreuzkümmelpulver, Paprikapulver sowie Sesam in einer Schüssel mischen und die Spieße darin marinieren.

3 | Den Garkorb mithilfe des 🥄 entnehmen und den 🍲 leeren. Brokkoli, Paprika sowie Karotte in den 🍲 geben und **8 Min. | Varoma® | ↺ | Stufe 1** darin anschwitzen. Gemüsebrühe, Tomatenmark, Honig, je 3 EL helle und dunkle Sojasoße hinzufügen. Stärke mit etwas Wasser glatt rühren und zusammen mit der Ananas in die Soße geben. Die Sojasprossen mit dem 🥄 unterheben und alles **6 Min. | Varoma® | ↺ | Stufe 1** köcheln lassen

4 | Währenddessen in einer Pfanne mit dem Sesamöl die Tofu-Ananas-Spieße von allen Seiten knusprig anbraten. Die Tofu-Ananas-Spieße auf dem Reis anrichten und mit der süßsauren Soße servieren.

Reisbällchen mit Brokkolisalat und Low-Fat-Aioli
Rezept auf Seite 84

TITELREZEPT

>**SMART!** Dieses Rezept könnt ihr perfekt vorbereiten, indem ihr den Reis bereits am Vortag kocht und bis zur Verarbeitung im Kühlschrank lagert. Dann stellt ihr am Tag der Zubereitung nur noch die Masse her und backt die Bällchen, während ihr Salat und Aioli rasch mixt. Die Reisbällchen sind die gesunde Alternative zu Kroketten und Pommes aus dem Tiefkühler, die Aioli ist dank der Joghurtbasis low fat. Dieses Mittag- oder Abendessen versorgt euch mit allem, was ihr an Nährstoffen braucht und es schmeckt der ganzen Familie!

Reis mit Kokossoße, Pak Choi und Lachswürfeln

00:30 std : min

PRO PORTION: 685 KCAL | 31 G E | 35 G F | 62 G KH
ZUTATEN FÜR 4 PERSONEN

- 2 Kochbeutel Basmati-Reis (à 125 g), z.B. von reis-fit
- Salz
- 2 Stangen Zitronengras
- 1 rote Chilischote, in Stücken
- 2 Schalotten
- 1 Knoblauchzehe
- 20 g natives Olivenöl extra
- 2 EL Agavendicksaft
- 150 g Geflügelbrühe
- 200 g Kokosmilch (Dose)
- 4 Pak Choi, längs geviertelt
- 400 g Lachsfilet, in Würfeln
- Saft von 2 Limetten
- 3 Kaffirlimettenblätter (alternativ 1 kleines Stück Ingwer)
- 2 EL Fischsoße
- frisch gemahlener schwarzer Pfeffer
- Blättchen von 3 Stielen Thai-Basilikum

1 | Den Reis nach Packungsanweisung in einem separaten Topf zubereiten. Die äußeren harten Blätter vom Zitronengras entfernen, die Stangen fein hacken und in den 🍲 geben. Chilischote, Schalotten sowie Knoblauch zufügen und **5 Sek. | Stufe 7** zerkleinern. Mit dem 🥄 nach unten schieben. 20 g Öl zugeben und alles **4 Min. | Varoma® | Stufe 2** andünsten.

2 | Den Agavendicksaft zufügen und **2 Min. | Varoma® | Stufe 2** karamellisieren lassen. Mit Geflügelbrühe sowie Kokosmilch ablöschen und **6 Min. | 100 °C | Stufe 1** aufkochen.

3 | Pak Choi und Lachswürfel im Varoma® und auf dem Einlegeboden verteilen. Mit etwas Limettensaft beträufeln und mit Salz würzen. Die Kaffirlimettenblätter in den 🍲 geben, den Varoma® verschlossen aufsetzen und alles **15 Min. | Varoma® | Stufe 2** garen.

4 | Kochbeutel aus dem Wasser nehmen und an der Einkerbung öffnen. Den Reis auf 4 Teller verteilen. Die Soße mit Fischsoße, Limettensaft, Salz und Pfeffer abschmecken. Zum Reis geben, mit Lachs sowie Pak Choi anrichten und mit Thai-Basilikum garniert servieren.

> **TIPP** Für kräftige Röstaromen könnt ihr Lachs und Pak Choi in einer Pfanne anbraten.

Ajvar-Reis mit gebackener Aubergine

00:45 std : min

PRO PORTION: 637 KCAL | 14 G E | 32 G F | 74 G KH
ZUTATEN FÜR 4 PERSONEN

- 80 g Mandelkerne
- Blättchen von 1 Bund Petersilie
- 2 Auberginen
- 5 EL natives Olivenöl extra
- 1 EL Ahornsirup
- Abrieb und Saft von 1 unbehandelten Zitrone
- Salz
- 1.700 g Wasser
- 2 Kochbeutel Natur-Reis (à 125 g), z.B. von reis-fit
- 150 g Ajvar (Glas)
- 1 Knoblauchzehe
- 4 EL Tahin
- 1 Prise Cayennepfeffer
- 60 g grüne Oliven, in Ringen
- Kerne von 1 Granatapfel

1 | Den Backofen auf 200 °C Ober-/Unterhitze vorheizen. Die Mandeln im 🍲 **5 Sek. | Stufe 6** zerkleinern, umfüllen und beiseitestellen. Die Petersilie **4 Sek. | Stufe 8** hacken, ebenfalls umfüllen und beiseitestellen.

2 | Die Auberginen der Länge nach halbieren. Rautenförmig ein-, aber nicht durchschneiden. 3 EL Öl mit Ahornsirup, der Hälfte des Zitronensaftes sowie 2 Prisen Salz verrühren und die Schnittflächen der Auberginen damit bestreichen. Auf ein mit Backpapier belegtes Backblech legen und im heißen Ofen 20–25 Min. goldbraun backen.

3 | Inzwischen das Wasser in den 🍲 geben, den Garkorb einsetzen, den Reis hineinlegen und **20 Min. | 100 °C | Stufe 2** garen.

4 | Kochbeutel aus dem 🍲 nehmen und den 🍲 leeren. Die Kochbeutel an der Einkerbung öffnen und den Reis in einer Schüssel mit dem Ajvar mischen.

5 | Knoblauch im 🍲 **2 Sek. | Turbo** zerkleinern und mit dem 🥄 nach unten schieben. Tahin, übrigen Zitronensaft und -abrieb, restliches Öl, Cayennepfeffer sowie ½ TL Salz in den 🍲 geben und **20 Sek. | Stufe 3** vermischen.

6 | Auberginenhälften aus dem Ofen nehmen. Mit dem Reis auf 4 Teller geben. Mit der Tahinsoße beträufeln und mit Petersilie, Oliven, Granatapfelkernen sowie Mandeln bestreut servieren.

> **KOCHBEUTEL**
> Habt ihr Reis in Kochbeuteln vorrätig, könnt ihr damit superschnell portionieren. Es passen immer zwei Beutel in den Garkorb. Benötigt ihr nur einen Beutel, hat daneben noch Gemüse Platz!

BRINGT FARBE AUF DIE TELLER!

REZEPTE UNTER WWW.ZAUBERTOPF-CLUB.DE

Kürbis-Curry-Bowl

00:30 std : min

PRO PORTION: 547 KCAL | 13 G E | 20 G F | 80 G KH
ZUTATEN FÜR 4 PERSONEN

- Blättchen von 4 Stielen Petersilie
- 40 g Erdnüsse, geröstet und gesalzen
- 1740 g Wasser
- 300 g Hokkaidokürbis, in Spalten
- 2 rote Paprikaschoten, in Streifen
- 150 g Zuckerschoten, halbiert
- Salz
- frisch gemahlener schwarzer Pfeffer
- 250 g Spitzen-Langkornreis, z.B. von reis-fit
- 100 g Ananassaft
- 1 EL Currypulver
- 1 Msp. frisch geriebene Muskatnuss
- 250 g Sojasahne
- 1 EL Stärke
- 60 g getrocknete Soft-Feigen, in Streifen

1. Petersilie im 🥣 **6 Sek. | Stufe 8** hacken und umfüllen. Die Erdnüsse **3 Sek. | Stufe 7** hacken und ebenfalls umfüllen.

2. 1700 g Wasser in den 🥣 füllen. Das Gemüse im Varoma® verteilen, mit ½ TL Salz sowie 2 Prisen Pfeffer würzen. Den Varoma® mit dem Deckel verschließen, aufsetzen und alles **15 Min. | Varoma® | Stufe 3** garen.

3. Den Varoma® abnehmen und beiseitestellen. Den Garkorb einsetzen und den Reis hineingeben. Den Varoma® aufsetzen, weitere **10 Min. | Varoma® | Stufe 3** garen.

4. Den Varoma® abnehmen und beiseitestellen. Den Garkorb mithilfe des 🥄 aus dem 🥣 nehmen. Den 🥣 leeren, dabei 200 ml Garflüssigkeit auffangen. Zusammen mit Ananassaft, Currypulver, Muskatnuss, ½ TL Salz und 1 Prise Pfeffer in den 🥣 geben. Ohne Messbecher **8 Min. | 100°C | Stufe 2** einkochen lassen.

5. Die Sojasahne zufügen und erneut **3 Min. | 100°C | Stufe 2** aufkochen. Die Stärke mit dem übrigen Wasser verrühren und in der letzten Minute durch die Deckelöffnung zugeben.

6. Den Reis auf Schüsseln verteilen. Kürbis, Paprika, Zuckerschoten und Feigen auf dem Reis verteilen. Mit gehackter Petersilie und Erdnüssen garnieren.

Reisbällchen mit Brokkolisalat und Low-Fat-Aioli

01:00 std : min

PRO PORTION: 841 KCAL | 20 G E | 43 G F | 96 G KH
ZUTATEN FÜR 4 PERSONEN

- 1300 g Wasser
- 350 g Naturreis
- 400 g Karotten, in Stücken
- 3 Knoblauchzehen
- 1 Schalotte
- Blättchen von ¼ Bund Petersilie
- 60 g getrocknete Tomaten, in Streifen
- 1 Ei
- 30 g Haferflocken
- Salz
- frisch gemahlener schwarzer Pfeffer
- 1 TL edelsüßes Paprikapulver
- 250 g Joghurt
- 1 TL mittelscharfer Senf
- 120 g Raps- oder Olivenöl
- 50 g Mandelkerne
- 150 g Brokkoli, in Röschen
- 250 g Blumenkohl, in Röschen
- 1 rote Paprikaschote, in Stücken
- 30 g Zitronensaft

1. Wasser in den 🥣 geben, den Garkorb einsetzen, den Reis einwiegen und **25 Min. | 100°C | Stufe 4** kochen. Karotten darüber verteilen und alles weitere **6 Min. | 100°C | Stufe 4** garen.

2. Garkorb mithilfe des 🥄 entnehmen, 🥣 leeren. Backofen auf 180°C Ober-/Unterhitze vorheizen.

3. 1 Knoblauchzehe, Schalotte, Petersilie und getrocknete Tomaten in den 🥣 geben und **4 Sek. | Stufe 7** zerkleinern. Mit dem 🥄 nach unten schieben. Karotten, Reis, Ei, Haferflocken, 1 TL Salz, 2 Prisen Pfeffer und Paprikapulver zugeben und alles **10 Sek. | Stufe 6** zerkleinern. Mit dem 🥄 nach unten schieben, Vorgang wiederholen.

4. Aus der Masse ca. 16 Bällchen formen und auf ein mit Backpapier belegtes Blech legen, dabei mit angefeuchteten Händen arbeiten. Die Bällchen im Ofen für 20 Min. backen. Den 🥣 spülen.

5. Übrige Knoblauchzehen **2 Sek. | Turbo** zerkleinern und mit dem 🥄 nach unten schieben. Joghurt mit je 1 Prise Salz und Pfeffer sowie Senf im 🥣 für **2 Min. | Stufe 3** mixen. 100 g Öl auf den Deckel gießen und in den 🥣 laufen lassen. Umfüllen und kaltstellen. 🥣 spülen.

6. Mandeln in den 🥣 geben und **3 Sek. | Stufe 5** zerkleinern. Brokkoli, Blumenkohl, Paprika, 20 g Olivenöl, Zitronensaft, ½ TL Salz und 2 Prisen Pfeffer zugeben und mithilfe des 🥄 für **5 Sek. | Stufe 4** zerkleinern. Die Karottenbällchen mit Brokkoli-Blumenkohlsalat und Aioli anrichten und servieren.

JETZT BESTELLEN & FIT INS JAHR STARTEN

FÜR TM6, TM5® & TM31

Die neue „Mix-Bibel" für jeden Thermomix® Besitzer, der endlich leichter essen möchte. Auf 260 Seiten im edlen Einband und mit unseren besten 150 Rezepten erfährst du, wie du mit Genuss und ohne Verzicht jeden Tag low carb kochst. Mit vielen Schritt-für-Schritt-Anleitungen und inspirierenden Fotos.

JETZT NEU! FÜR NUR 29,90 €

SO EINFACH KANN ES SEIN
mein ZauberTopf ist bekannt für tolle Geheimtipps, guten Rat zur Vorratshaltung und einfache Erklärungen zum Thermomix®. Freu dich auf **Ratgeber, die dich begeistern!**

FÜR JEDE TAGESZEIT
Gute Ideen für Frühstück, Mittagessen und Abendbrot aber auch zum Snacken und für die Kaffeezeit – findet zu jeder Gelegenheit **Rezepte, die lecker schmecken** und glücklich machen.

 UNSERE KOCH- UND BACKBÜCHER JETZT BESTELLEN UNTER: WWW.FALKEMEDIA-SHOP.DE

ISBN: 978-3-96417-118-4

AUCH ÜBERALL IM BUCHHANDEL:

VEGANES SOULFOOD

Ihr dachtet, in der veganen Küche müsstet ihr auf Frikassee und Frikadellen, Mac and Cheese und Omelett verzichten? Oh nein! Wir zeigen, wie die Lieblinge lecker gelingen, und backen sogar Banana Bread ohne Butter und Ei

Rezepte, Fotos & Styling: Désirée Peikert

Vegane Mac and Cheese
Rezept auf Seite 90

Seitan-Frikassee mit Wildreis

PRO PORTION: 952 KCAL | 26 G E | 33 G F | 142 G KH
ZUTATEN FÜR 4 PERSONEN

- 1 TL natives Olivenöl extra
- Salz
- 300 g Wildreis-Mischung
- 1.300 g Wasser
- 500 g Seitan „Chicken Style"
- 55 g Mehl Type 405
- 250 g Karotten, in Scheiben
- 150 g weiße Champignons, geviertelt
- 150 g Erbsen (TK)
- 1 kleines Glas Spargel (170 g)
- 70 g kalte vegane Margarine
- 2 TL Gemüse-Gewürzpaste
- 200 g Sojasahne
- 2 TL Zitronensaft
- 1 TL Worcestersoße
- ¼ TL frisch geriebene Muskatnuss
- ½ TL frisch gemahlener schwarzer Pfeffer
- Blättchen von ½ Bund Petersilie

1 Öl und 1 TL Salz in den 🥣 geben. Den Garkorb einhängen und Reis einwiegen. Den Reis unter fließendem Wasser gut abspülen. Dann den Garkorb einhängen und das Wasser über den Reis zugeben.

2 Den Varoma® aufsetzen. Seitan in mundgerechte Stücke zupfen, in 45 g Mehl wenden und auf den Einlegeboden legen. Karotten, Champignons und Erbsen in den Varoma® geben, mit ½ TL Salz würzen.

3 Einlegeboden einsetzen, den Varoma® verschließen, **23 Min. | Varoma® | Stufe 1** garen. Spargel zufügen, weitere **5 Min. | Varoma® | Stufe 1** garen.

4 Varoma® absetzen, gegarten Seitan und das Gemüse in eine große Schüssel umfüllen und mit dem Reis warm stellen. Den 🥣 leeren und die Garflüssigkeit dabei auffangen.

5 450 g Garflüssigkeit, übriges Mehl, Margarine, Gewürzpaste, Sojasahne, Zitronensaft, Worcestersoße, Muskat, Pfeffer sowie ¼ TL Salz zufügen und **5 Sek. | Stufe 5** verrühren. Anschließend **5 Min. | 100°C | Stufe 3** aufkochen.

6 Die Petersilie zugeben und **10 Sek. | Stufe 8** pürieren. Inhalt aus dem 🥣 in die Schüssel mit dem Gemüse und dem Seitan geben, vermischen und zusammen mit dem Reis servieren.

> **TIPP** Die Seitan-Variante des Klassikers mit Hähnchen schmeckt genauso gut wie bei Mutti!

Bohnentaler mit Varoma® Gemüse und Kräuter-„Quark"

PRO PORTION: 354 KCAL | 25 G E | 7 G F | 52 G KH
ZUTATEN FÜR 4 PERSONEN

- Blättchen von 1 Bund Petersilie
- 1 Zwiebel, halbiert
- 1 Knoblauchzehe
- 380 g Karotten, in Scheiben
- 60 g Haferflocken
- 500 g Kidneybohnen (Dose)
- 1 EL mittelscharfer Senf
- 1 EL Tomatenmark
- 1 TL Ras el-Hanout
- 1 TL Kreuzkümmelpulver
- 3 TL Salz
- 5 Prisen frisch gemahlener schwarzer Pfeffer
- 1 Schalotte
- Blättchen von ¼ Bund Kerbel
- ½ Bund Schnittlauch, in Röllchen
- 300 g Sojaquark
- 3 EL Mineralwasser
- 500 g Wasser
- 300 g Brokkoli, in Röschen
- 1 gelbe Paprikaschote, in Stücken
- 1 rote Paprikaschote, in Stücken
- etwas natives Olivenöl extra

1 Die Hälfte der Petersilie, Zwiebel sowie Knoblauch in den 🥣 geben und **5 Sek. | Stufe 5** zerkleinern. Mit dem 🥄 nach unten schieben.

2 80 g Karotten, Haferflocken, Bohnen, Senf, Tomatenmark, Gewürze, 1 TL Salz sowie 3 Prisen Pfeffer zugeben und **10 Sek. | Stufe 5** zerkleinern. Die Masse umfüllen und den 🥣 spülen.

3 Für den Kräuter-„Quark" Schalotte, Rest Petersilie, Kerbel und Schnittlauch in den 🥣 geben, **3 Sek. | Stufe 8** zerkleinern. Mit dem 🥄 nach unten schieben. Sojaquark, 3 EL Mineralwasser, ½ TL Salz, 2 Prisen Pfeffer zugeben und **20 Sek. | Stufe 2** vermengen. Umfüllen und kühl stellen. Den 🥣 spülen.

4 Wasser mit 1 TL Salz in den 🥣 füllen. Das Gemüse inklusive der restlichen Karotten im Varoma® verteilen und mit ½ TL Salz würzen. Den Varoma® aufsetzen und das Gemüse **25 Min. | Varoma® | Stufe 2** garen.

5 Währenddessen aus der Bohnenmasse 12 Bratlinge formen. In einer großen Pfanne etwas Olivenöl erhitzen und die Bratlinge von jeder Seite etwa 3 Min. braten. Die Bohnentaler mit Gemüse und Kräuter-„Quark" servieren.

> **TIPP** Nahezu alle Zutaten könnt ihr länger bevorraten. Anstelle frischer Kräuter eignet sich dann auch TK-Ware. Der Sojaquark hält sich einige Wochen. Frisch benötigt ihr nur Karotten, Brokkoli und Paprika.

> **OHNE EI?** Wir haben uns herangewagt! Das Omelett ohne Ei gelingt mit Seidentofu als Basis. Der Unterschied zum herkömmlichen Tofu ist, dass die seidige Variante sehr cremig ist. Ihr findet übrigens alle veganen Zutaten im gut sortierten Supermarkt oder im Reformhaus.

Kräuter-Omelett mit Tomaten
Rezept auf Seite 90

Vegane Mac and Cheese

00:20 std:min

PRO PORTION: 691 KCAL | 25 G E | 15 G F | 115 G KH
ZUTATEN FÜR 4 PERSONEN

- 60 g Cashewkerne
- 200 g Kartoffeln, in Stücken
- 80 g Karotten, in Stücken
- 500 g Wasser
- Salz
- 500 g Makkaroni
- 1 Zwiebel, halbiert
- 2 Knoblauchzehen
- 20 g Margarine
- 3 EL Hefeflocken
- ¼ TL Kurkumapulver
- 1 ½ TL mittelscharfer Senf
- 1 EL Zitronensaft
- 200 g Hafermilch
- 10 g Tapiokastärke

1 | Die Cashewkerne in einer Schüssel mit Wasser einweichen und zur Seite stellen.

2 | Kartoffeln mit Karotten in den ⌂ geben und **6 Sek. | Stufe 5** zerkleinern. Anschließend in den Garkorb umfüllen. Wasser mit ½ TL Salz in den ⌂ geben, den Garkorb einhängen und **15 Min. | Varoma® | Stufe 2** garen. Nach etwa 7 Min. einen Topf mit Salzwasser aufsetzen und die Nudeln darin kochen. Den Garkorb entnehmen, den ⌂ leeren und die Garflüssigkeit dabei auffangen.

3 | Zwiebel mit Knoblauch in den ⌂ geben und **5 Sek. | Stufe 5** zerkleinern. Die Margarine zufügen und **3 Min. | 120°C [TM31 bitte Varoma®] | Stufe 1** dünsten.

4 | Die Cashewkerne abgießen. Mit der zerkleinerten Kartoffelmischung, 120 g Garflüssigkeit und restlichen Zutaten in den ⌂ geben. Alles **1 Min. | Stufe 10** zu einer homogenen Masse pürieren.

5 | Die Nudeln abgießen und zurück in den Topf geben. Die Soße dazugeben und bei niedriger Hitze 1–2 Min. köcheln lassen. Sofort servieren.

Kräuter-Omelett mit Tomaten

00:15 std:min

PRO PORTION: 563 KCAL | 45 G E | 14 G F | 75 G KH
ZUTATEN FÜR 1 OMELETT

- Blättchen von ½ Bund Petersilie
- ½ Bund Schnittlauch, in Ringen
- 1 kleine Zwiebel, halbiert
- 160 g Seidentofu, in Stücken
- 50 g Kichererbsenmehl
- 1 TL Backpulver
- 10 g Tapiokastärke
- 15 g Hefeflocken
- ½ TL Kala-Namak-Salz (oder Kräutersalz)
- 1 TL Kurkuma
- 40 g Hafermilch
- 3 Frühlingszwiebeln, in Ringen
- 70 g Cocktailtomaten, halbiert
- 1 TL Rapsöl zum Braten

1 | Petersilie, Schnittlauch und Zwiebel in ⌂ geben, **5 Sek. | Stufe 5** zerkleinern. Umfüllen.

2 | Restliche Zutaten, bis auf die Frühlingszwiebeln und die Tomaten, in den ⌂ geben und **30 Sek. | Stufe 5** vermengen.

3 | Die Kräuter-Zwiebel-Mischung und zwei Drittel der Frühlingszwiebeln mit dem ︎ unterrühren.

4 | Öl in einer beschichteten Pfanne erhitzen. Das Omelett bei mittlerer Hitze etwa 3 Min. auf der ersten Seite braten, bis die Oberfläche nicht mehr feucht ist. Dann wenden. Und nach etwa 2 Min. die Cocktailtomaten auf eine Hälfte geben und mit einem Pfannenwender das Omelette halb zusammenklappen. Einen Deckel auf die Pfanne geben und das Omelette weitere 5 Min. braten. Mit den restlichen Frühlingszwiebeln garnieren und servieren.

> **TIPP** Dazu passt ein veganer Kräuter-„Quark". Dafür 100 g veganen Sojaquark mit 1 EL Zitronensaft, 2 Prisen Pfeffer, ¼ TL Salz und etwas Schnittlauch in Röllchen vermengen. Auf Seite 88 findet ihr einen weiteren veganen „Quark" neben den Bohnentalern.

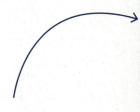

Bananenbrot ohne Zucker

01:00 std:min

PRO SCHEIBE: 191 KCAL | 4 G E | 7 G F | 27 G KH
ZUTATEN FÜR 14 SCHEIBEN

- 80 g Edelbitterschokolade, in Stücken
- 80 g Kokosöl
- 4 reife Bananen, in Stücken
- 120 g Mandelmilch
- 2 TL Apfelessig
- 300 g Dinkelmehl Type 630
- 1 Pck. Backpulver
- 1 TL Vanilleextrakt
- ½ TL Zimtpulver
- 1 Msp. Kardamompulver
- 1 Prise Salz

1 | Eine Kastenform (26 cm Länge) mit Backpapier auslegen. Den Backofen auf 180 °C Ober-/Unterhitze vorheizen.

2 | Die Edelbitterschokolade in den ⌂ geben, **3 Sek. | Stufe 5** zerkleinern und umfüllen.

3 | Kokosöl in den ⌂ geben und **3 Min. | 50°C | Stufe 2** schmelzen. 3 Bananen, Mandelmilch und Apfelessig zufügen, **20 Sek. | Stufe 6** pürieren.

4 | Dinkelmehl, Backpulver, Vanilleextrakt, Zimt, Kardamom und Salz zugeben. Alles **20 Sek. | Stufe 5** vermengen.

5 | Edelbitterschokolade zugeben und **10 Sek. | Stufe 3** vermengen. Den Teig in die vorbereitete Kastenform füllen. Eine Banane der Länge nach halbieren und die Hälften mit der Schnittseite nach oben auf den Teig legen.

6 | Bananenbrot im Backofen 40–50 Min. backen. Stäbchenprobe machen, aus dem Ofen nehmen und abkühlen lassen.

> **TIPP** Je reifer die Bananen sind, desto süßer schmeckt das Bananenbrot. Wer es süßer möchte, kann in Schritt 4 etwa 60 g Zucker zufügen, z. B. Ahornsirup, Kokosblüten- oder Rohrohrzucker.

Ich schätze die vegane Küche, weil sie so kreativ und vielseitig ist. Ich habe dabei nie das Gefühl, auf etwas zu verzichten – im Gegenteil: Durch das Kochen und Backen mit anderen Zutaten lerne ich so viel Neues kennen, dass ich dadurch mehr Auswahl habe als je zuvor.

REZEPTE UNTER WWW.ZAUBERTOPF-CLUB.DE

RATGEBER

VEGAN MIXEN

Welche Produkte ihr selbst mit dem Thermomix® herstellen könnt
und welche sich klassisch wie Fleisch verarbeiten lassen, erklären wir hier

Selbst gemachte Nussmilch

00:15 std:min

Schüssel auf den Deckel des 🍲 stellen, wahlweise 200 g Cashew- oder Mandelkerne abwiegen. Kaltes Wasser zufügen, bis die Kerne bedeckt sind, 4 Std. einweichen lassen. Kerne durch den Garkorb abgießen und zurück in den 🍲 geben. 800 g Wasser und 1 TL Agavendicksaft zufügen, alles **1 Min. | Stufe 10** mixen. Ein Passiertuch in den Garkorb legen und diesen auf eine Schüssel stellen. Mischung auf das Tuch im Garkorb gießen, Nussmilch in der Schüssel auffangen. Nussreste im Tuch ausdrücken und ggf. weiterverarbeiten.

Basis REZEPT

GANZ OHNE MILCH

Milch, Sahne und Joghurt – sie verleihen Speisen eine cremige Konsistenz. Auch viele Cremes und Dips werden auf Milchbasis zubereitet. Als Grundlage für vegane Alternativen dienen u. a. Nüsse, Kerne, Sojaprodukte, Reis oder Hafer. Sie stecken voller guter Fette und Vitamine. Köstliche Nussmilch etwa mixt ihr ganz einfach im Thermomix® (siehe Rezept rechts). Anstelle von Sahne könnt ihr Kokosmilch verwenden, dadurch erhält euer Gericht eine exotische Note. Für einen neutraleren Geschmack greift zu „Soja Creme Cuisine", diese eignet sich sehr gut zum Andicken und Binden.

FLEISCHERSATZ

Vegan heißt nicht, dass ihr auf klassische Gerichte verzichten müsst. Es gibt zahlreiche pflanzliche Alternativen, mit denen ihr Konsistenz und Geschmack von Burgern, Bolognese und Geschnetzeltem erzeugen könnt. Neben **Getreide und Hülsenfrüchten** sind Produkte aus **Soja** die beliebteste und vielfältigste Fleischalternative, die egal, welche Art von Fleisch ihr ersetzen wollt, genau das Richtige für euer Rezept bietet. Dabei ist die Würze entscheidend. Kräftige Aromen wie Knoblauch, Ingwer und Curry sind ideal.

TOFU

Hergestellt aus geronnener Sojamilch steckt Tofu voller Eisen und Mineralstoffe, hat dabei kein Cholesterin und viele gesunde ungesättigte Fettsäuren. Dank seiner Konsistenz ist Tofu perfekt geeignet für Burger, Schnitzel, als Suppeneinlage oder für Pfannengerichte. Ihr könnt ihn auch wunderbar marinieren und in Alufolie gewickelt **20 Min. | Varoma® | Stufe 2** im Varoma® dämpfen.

SEITAN

Der vegane Fleischersatz aus Weizen ähnelt in seiner Konsistenz stark richtigem Fleisch und er kann sowohl gegrillt, gebacken, gebraten als auch gekocht werden. Genießt Seitan beispielsweise anstelle von Würstchen, zubereitet als Gyros oder paniert wie Schnitzel.

TEMPEH

Das fermentierte Produkt aus Sojabohnen und Edelschimmelpilzen schmeckt besonders gut in dünne Scheiben geschnitten, als Geschnetzeltes, in Würfeln als Gulasch, im Stück als Braten oder am Spieß. Bevor ihr Tempeh würzt oder mariniert, solltet ihr es im Varoma® oder Garkorb **15 Min. | Varoma® | Stufe 2** vorgaren. Dadurch verliert es den bitteren Nebengeschmack und Gewürze ziehen besser durch.

BACKEN OHNE EIER & CO.

Ihr braucht keine ausgefallenen Ersatzprodukte, denn vegan zu backen ist unkompliziert und praktisch. Ihr könnt Eier mit Produkten ersetzen, die viele von euch sicherlich daheim haben: Verwendet statt 1 Ei entweder 2 EL Sojamehl, vermischt mit 2 EL Wasser, 1 EL Apfelmark, ½ zerdrückte Banane oder 1 EL Leinsamen mit 3 EL Wasser. Butter ersetzt ihr 1:1 durch rein pflanzliche Margarine, Milch und Sahne durch pflanzliche Alternativen eurer Wahl.

SOJAHACK

Verwendet es klassisch wie Hackfleisch und bereitet Bolognese, Füllungen, Frikadellen und Aufläufe oder Pfannengerichte zu. Kräftig gewürzt, etwa mit unserer „ZauberPrise" für Fleisch, mit Chilipulver oder Sojasoße, vermisst man tierisches Hack auf keinen Fall.

ZAUBERTOPF SHOP

JETZT BESTELLEN

Im großen ZauberTopf-Shop findet ihr speziell für den Thermomix® empfohlenes Zubehör, das euch das Kochen und Backen erleichtert, dazu Lebensmittel sowie Koch- und Backbücher exklusiv für euren Zaubertopf

NUR 2 TEELÖFFEL ANS GERICHT GEBEN, FERTIG!

ZAUBERPRISE BIO-GEWÜRZMISCHUNG
5 Sorten, à 200 g, je 8,99 Euro
Die Basis-Würze für jeden Thermomix® Haushalt! Die Bio-Gewürzmischungen von **mein ZauberTopf** machen das Abschmecken leicht: Nur 2 TL auf ein 4-Portionen-Gericht – schon sind Gratin, Lasagne, Eintopf, Frikadellen, Salat oder Suppe perfekt abgeschmeckt. Sorten: Gemüse, Fleisch, Geflügel, Salat und Fisch. **Im 5er-Set auch als Geschenk** für Hobbyköche ohne Küchenmaschine geeignet!

LEICHTE KÜCHE
Kochbuch für TM6/TM5® & TM31, 29,90 Euro
DER Ernährungsbegleiter zum Abnehmen mit dem Thermomix®. Über 150 Low-Carb-Rezepte, wertvolle Ratgeber und die besten Tricks zum einfachen Abnehmen. Plus 4 abwechslungsreiche Wochenpläne mit maximal 65 g KH pro Tag.

WUNDERCARD
Teigkarte, 4,35 Euro
Brot- und Knetteige lassen sich mit der festen Teigkarte einfach aus dem Mixtopf lösen. Die speziell auf den Thermomix® angepasste Form erleichtert es, Massen aus dem Inneren zu entnehmen. Auch das Zerteilen und Bearbeiten von Teig geht mit dem Profi-Tool leicht von der Hand.

TEEFILTER
Einsatz für TM6, TM5®, Edelstahl, 15,95 Euro
Der Filter nimmt lose Teemischungen für bis zu 2 Liter auf. Befüllen, verschließen, in den Mixtopf-Deckel einhängen und das Wasser zur gewünschten Temperatur aufkochen. Anschließend den Tee im Mixtopf per Zeiteinstellung warm halten.

JETZT BESTELLEN: WWW.ZAUBERTOPF-SHOP.DE

FRISCHE SÄFTE IN SEKUNDEN

SAFTPRESSE
Mixtopf-Aufsatz für TM6, TM5®, Kunststoff, 39,95 Euro

Anstelle des Mixtopf-Deckels aufsetzen, Zitrusfrüchte von der Limette bis zur Grapefruit daraufpressen und bis zu 2 Liter Saft in einem Durchgang 70 % schneller als üblich entsaften – mithilfe der Power eures Thermomix®!

SILIKON-BEUTEL
Silikon, 3 Größen, ab 13,55 Euro

Lebensmittel lagern, portionsweise Speisen einfrieren, Sous-vide garen, im Beutel marinieren oder Snacks für unterwegs verpacken: In den neuen luftdicht verschließbaren und wiederverwendbaren Beuteln ist all das möglich. Anschließend direkt in den Geschirrspüler geben. Vielseitig und nachhaltig. In 3 Farben erhältlich: „Raspberry", „Aqua" und „Clear".

VAROMA® SILIKON-MUFFINFORM
7-Mulden-Backform, 12,53 Euro

Mit ihrer Passform eignet sich die Backform für das Dampfgaren im Varoma® – bereitet darin Low-Carb-Omelett-Küchlein und Muffins, aber auch kleine Frozen Yoghurts am Stiel zu! Lebensmittelechtes Silikon.

EINFACH GENIAL & VIELSEITIG

VAROMA® AUFLAUFFORM
Für TM6, TM5®, TM31/Silikon, 15,95 Euro

Auf der stabilen Silikon-Auflaufform lassen sich Omelett, Tortilla, Pfannkuchen, Fleisch, Fisch, Geflügel oder Gemüse auf dem Einlegeboden garen, ohne dass etwas auf Speisen darunter tropft. Die praktischen Griffe helfen dabei, die gegarten Speisen anschließend einfach herauszuheben. Lebensmittelechtes Silikon, spülmaschinenfest.

WUNDERSTEAM®
Dampfgar-Hilfe für TM6, TM5® & TM31, 12,62 Euro

Wie ein Kamin lässt der WunderSteam® den aufsteigenden Dampf konzentriert nach oben steigen. Der Varoma® kann so mit mehr Zutaten befüllt werden, die gleichmäßig gegart werden.

BELIEBTES ZUBEHÖR

CALOTTI® DREHKELLENSPATEL
Spatel für Mixtopf, 19,45 Euro

Der Calotti® lässt sich direkt zwischen die Messer im Mixtopf stellen und entlang des Topfrands führen, sodass alle wertvollen Speisen einfach entnommen und umgefüllt werden können.

JETZT BESTELLEN: WWW.ZAUBERTOPF-SHOP.DE

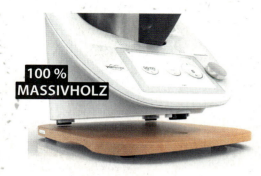

100 % MASSIVHOLZ

THERMOSLIDER® H V2 PLUS
Schiebehilfe, für TM6 & TM5®, 58,39 Euro

Der neue ThermoSlider® H V2 Plus mit 4 Gummistoppern besteht aus ökologischem Buchenholz. In seinen 3 Vertiefungen auf der Oberseite sind die Füße des Thermomix® perfekt platziert, so kann er nicht verrutschen. Der Slider selbst lässt sich samt Thermomix® auf den Teflongleitern mühelos mit einer Hand auf der Arbeitsfläche bewegen, so wird die empfindliche Waage geschont.

NEUHEIT!

MAXISTEAM®
Dampfgar-Aufsatz für TM6, TM5®, Kunststoff, 24,95 Euro

Auf den Varoma® gesetzt erhöht der smarte MaxiSteam® den Garraum erheblich! Einlegeboden und Deckel können lückenlos eingehängt bzw. aufgelegt werden. So werden mehr als vier Personen satt! Spülmaschinenfest.

WUNDERWASH®
Mixtopf-Deckel-Halterung, 13,95 Euro

Der unscheinbare WunderWash® wirkt wahre Wunder: Die Halterung dient dazu, den Mixtopf-Deckel platzsparend, aufrecht stehend im Geschirrspüler zu fixieren. Dafür WunderWash® mit den seitlichen Schlitzen auf eine der Teller-Halterungen stecken und den Mixtopf-Deckel mit dem Griff nach unten in die Öffnung stellen. Genial!

BACKMATTE/ TEIGUNTERLAGE
Silikon, 34,95 Euro

Präzises und sauberes Arbeiten – die Maßangaben dienen der Orientierung beim Ausrollen, die Oberfläche der Unterlage ermöglicht es, Teige aller Art leicht zu bearbeiten und zu lösen. Die Arbeitsplatte bleibt sauber. Die Teigunterlage ist spülmaschinenfest.

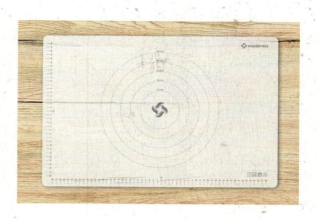

BESTSELLER DES JAHRES 2020

WUNDERCAP®
Mixtopf-Boden-Einsatz, für TM6, TM5®, TM31, 19,80 Euro

Der WunderCap® ersetzt das Mixmesser im Mixtopf, sodass der Garraum bis zu 20 % mehr Volumen bietet. Perfekt, um Fleisch zart Sous-vide zu garen, große Mengen Salzkartoffeln, Nudeln oder Spaghetti zu kochen, die sich nicht mehr ums Messer wickeln! Den WunderCap® könnt ihr perfekt mit den Silikon-Beuteln (siehe linke Seite) kombinieren, um Gemüse, Fisch oder Fleisch mit Gewürzen luftdicht verschlossen im Mixtopf Sous-vide zu garen.

JETZT BESTELLEN: WWW.ZAUBERTOPF-SHOP.DE

FRISCH AUS DEM MEER

Dampfgegart, als Einlage in der Suppe oder als besonderer Kick auf der Pizza – wir nehmen euren Gaumen mit auf einen Ausflug zur See!

Kabeljau mit Dillgurken aus dem Varoma®

PRO PORTION: 216 KCAL | 27 G E | 10 G F | 3 G KH
ZUTATEN FÜR 4 PERSONEN

- 2 Schalotten
- 20 g Butter
- 2 Gurken, halbiert, entkernt und in Scheiben
- Salz
- frisch gemahlener schwarzer Pfeffer
- Spitzen von 1 Bund Dill
- 4 Kabeljaufilets (à 150 g)
- etwas natives Olivenöl extra
- 2 Zitronen, geschält, in Scheiben
- 600 g Wasser

1 Schalotten im ⌬ **5 Sek. | Stufe 5** zerkleinern. Mit dem Spatel nach unten schieben. Butter zugeben und **3 Min. | 120°C [TM31 bitte Varoma®] | Stufe 1** anschwitzen. Gurken, Salz sowie Pfeffer zufügen und **4 Min. | Varoma® | ↺ | Stufe 1** mitdünsten. Dillspitzen mithilfe des Spatels unterrühren.

2 Kabeljaufilet mit Salz und Pfeffer würzen. Vier Bögen Pergament auf etwa 40 × 40 cm zuschneiden und jeweils in der Mitte leicht ölen. Erst die Gurken, dann den Fisch und zum Schluss die Zitronenscheiben daraufsetzen. Pergament dicht verschließen und an den Enden mit Küchengarn zuknoten. Die Pakete in den Varoma® und auf den Einlegeboden legen.

3 Das Wasser in den ⌬ füllen, den Varoma® aufsetzen und verschließen. Die Fischpäckchen **25 Min. | Varoma® | Stufe 1** garen. Varoma® absetzen und das Kabeljaufilet sofort servieren. Dazu passen kleine Kartoffeln.

> **DEUTSCHE SEE**
>
> Diese und viele weitere inspirierende Rezeptideen sowie zahlreiche Zubereitungstipps für Fisch und Meeresfrüchte findet ihr auf der Website der Deutsche See Fischmanufaktur unter www.deutschesee.de Ihr bekommt bei euch vor Ort keine große Auswahl? Dann könnt ihr dort auch online hochwertigen Fisch aus nachhaltiger Fischerei bestellen. Immer wieder gibt's hier auch je nach Saison „Angebote der Woche"!

Rote-Bete-Suppe mit Räucherlachs

PRO PORTION: 475 KCAL | 11 G E | 33 G F | 34 G KH
ZUTATEN FÜR 4 PERSONEN

- 1 Zwiebel, halbiert
- 20 g Butter
- 500 g Rote Bete, in Würfeln
- 150 g Kartoffeln, geschält und in Würfeln
- 1000 g Hühnerbrühe
- ½ Gurke
- Spitzen von ½ Bund Dill, gehackt
- 200 g Sahne
- Salz
- frisch gemahlener schwarzer Pfeffer
- 200 g Räucherlachsfilet, in Würfeln
- 125 g Crème fraîche

1 Zwiebel im ⌬ **5 Sek. | Stufe 5** zerkleinern. Butter zugeben, **2 Min. | 120°C [TM31 bitte Varoma®] | Stufe 1** andünsten. Rote Bete und Kartoffeln zufügen, **4 Min. | 120°C [TM31 bitte Varoma®] | ↺ | Stufe 1** dünsten. Mit Hühnerbrühe auffüllen, alles **25 Min. | 100°C | ↺ | Stufe 1** kochen.

2 In dieser Zeit aus der Gurke mit einem Ausstecher kleine Kugeln ausstechen. Gurkenkugeln mit Dill vermischen.

3 Die Suppe **1 Min. | Stufe 5–9** schrittweise ansteigend pürieren. Die Sahne zugeben, salzen und pfeffern. Die Rote-Bete-Suppe auf tiefe Teller verteilen, mit Gurkenkugeln sowie Lachswürfeln garnieren und mit Crème fraîche toppen.

Low-Carb-Pizza mit Stremellachs

00 : 45 std : min

PRO PORTION: 493 KCAL | 30 G E | 32 G F | 20 G KH
ZUTATEN FÜR 4 PERSONEN

- 400 g Blumenkohl, in Röschen
- 150 g Gouda, in Stücken
- 2 Eier
- Salz
- frisch gemahlener schwarzer Pfeffer
- 1 Knoblauchzehe
- 2 Tomaten, davon 1 halbiert, 1 in Scheiben
- 250 g Mozzarella, in Scheiben
- 150 g Stremellachs, ohne Haut
- Blättchen von ½ Bund Basilikum

1 Backofen auf 180 °C Ober-/Unterhitze vorheizen. Blumenkohl im ⌾ **10 Sek. | Stufe 10** zerkleinern. Zerkleinerten Blumenkohl in einer Pfanne goldbraun anrösten, bis er fast gar ist.

2 Käse in den ⌾ geben und **10 Sek. | Stufe 8** zerkleinern. Eier sowie den Blumenkohl zufügen und **30 Sek. | Stufe 4** vermischen. Teig mit ½ TL Salz und 4 Prisen Pfeffer würzen. Backpapier auf einem Bech auslegen. Mit einem Esslöffel zwei Fladen aus dem Teig auf dem Blech formen. Teig im heißen Ofen 10–15 Min. vorbacken. Den ⌾ spülen.

3 Inzwischen für den Belag den Knoblauch und die Tomatenhälften im ⌾ **8 Sek. | Stufe 6** zerkleinern.

4 Pizzaböden aus dem Ofen nehmen und mit dem Tomatenpüree bestreichen. Mit den Tomatenscheiben und dem Mozzarella belegen. Den Stremellachs in kleinen Stücken auf den Pizzen verteilen. Zurück in den Ofen schieben und weitere 10 Min. überbacken. Fertige Low-Carb-Pizzen mit Basilikumblättern garnieren und servieren.

> **TIPP** Dieser Low-Carb-Pizzateig ist so einfach gemixt, dass ihr ihn jederzeit als Basis für den Pizza-Heißhunger zubereiten könnt. Damit es noch schneller geht: Blumenkohlraspel auf Vorrat zubereiten, portionsweise einfrieren und bei Bedarf entnehmen.

Fotos: Deutsche See (1)

RATGEBER

GUTE FETTE

Fisch schmeckt gut und tut mit seinen Vitaminen, Mineralstoffen und gesunden Fetten auch unserem Körper gut. Was in Fisch alles steckt und worauf ihr beim Kauf achten könnt, verraten wir hier

NACHHALTIGER FANG

Bestandsschonende Fischerei und nachhaltige Fangmethoden spielen beim Kauf von Fisch eine große Rolle. Ob der Fisch, den ihr verarbeiten möchtet, aus gesunden Beständen stammt und mit umweltschonenden Methoden gefangen wird, könnt ihr an unterschiedlichen Siegeln erkennen: nachhaltig produzierter Wildfangfisch ist mit dem **MSC-Siegel** versehen, Fisch aus Aquakultur am **ASC-Label**. Diese Siegel findet ihr auf der Verpackung. Auch **bei frischem Fisch** im Fischladen oder an der Frischetheke werden nachhaltig gefangene Fische und Meeresfrüchte mit diesen Hinweisen ausgezeichnet. Dort könnt ihr auch jederzeit nachfragen. Hohe Anforderungen an die Zucht garantiert das **Bio-Siegel**. Die Betriebe müssen für die Auszeichnung etwa die Menge der gehaltenen Fische reduzieren und Futtermittel aus ökologischer Produktion verwenden. Am strengsten kontrollieren Bio-Verbände wie **Naturland** die tiergerechte Haltung.

IM VAROMA®

Besser geht's nicht: Sowohl ganze Fische als auch Filets könnt ihr im Dampf nährstoffschonend und aromatisch garen. So gelingt's perfekt:

Garzeiten bei Einstellung Varoma® | Stufe 2
Im Einlegeboden auf Garpapier oder im Varoma®

Ganzer Fisch, 2 Stück, mit oder ohne Füllung	20 Min.	Kerntemperatur: 70 °C
Rotes Fischfilet, z. B. Lachs, Thunfisch, Makrele	15–18 Min.	Kerntemperatur: 65 °C
Weißes Fischfilet, z. B. Scholle, Dorsch, Barsch	12–15 Min.	Kerntemperatur: 65 °C
Fisch, in 3–4 cm großen Stücken	12–15 Min.	Kerntemperatur: 65 °C

SEEFISCH ODER SÜSSWASSERFISCH?

Seefische leben im Meer. Zu den bekanntesten gehören Schellfisch, Heilbutt, Hering, Kabeljau, Rotbarsch, Aal oder Scholle. Sie sind wichtige Jodlieferanten. Süßwasserfische leben in Flüssen und Seen und sind den Temperaturschwankungen dort ausgesetzt. Oft werden sie in Teichwirtschaft gezüchtet. Dazu gehören Forelle, Zander, Hecht und Karpfen. Auch der beliebte Lachs zählt, obwohl er mehrheitlich im Salzwasser lebt, zu den Süßwasserfischen. Gezüchteter Lachs ist übrigens meist fettreicher und weicher im Fleisch als Wildlachs. Der ist dafür etwa doppelt so teuer wie Zuchtlachs.

WELCHES SIND GUTE FETTE?

Die sogenannten Omega-3-Fette machen nicht fett, sondern fit. Sie gehören zu den ungesättigten Fetten und tun Herz, Hirn und Muskeln gut. Daher sind Lebensmittel mit dieser Art von Fett besonders bei Sportlern beliebt. Aber auch jeder andere kann von ihnen profitieren. Es lohnt sich zu wissen, welche Lebensmittel diese Fettsäuren enthalten. Dazu gehören vor allem fettreiche Fischsorten wie Lachs, Makrele und Hering. Wer 1- bis 2-mal pro Woche einen von ihnen zubereitet, tut sich Gutes. Außerdem lohnt es sich, Lein- oder Rapsöl, Walnüsse, Mandeln, Kürbiskerne und Leinsamen im Haus zu haben und sie zum Kochen zu verwenden, an den Salat zu geben oder sie regelmäßig zu snacken. Avocados und Algen enthalten ebenfalls reichlich gute Fette.

FRISCHE ERKENNEN

Um festzustellen, ob ein Fisch frisch ist, schaut ihm in die Augen. Sie sollten klar und nach außen gewölbt sein. Seine Schuppen sollten glänzen und ebenfalls klar sein. Bei frischem Fisch sind die Kiemen feucht, glänzend und kräftig rot gefärbt, also gut durchblutet. Und: Frischer Fisch sollte niemals nach Fisch riechen, sondern angenehm nach Meer!

LESESPASS MIT GESCHENK

BESTELLNUMMER: MZ17ONE

#1 Thermomix® MAGAZIN AM KIOSK

NUR 42,90 € FÜR 8 HEFTE IM JAHR

Verpasse keines der angesagten Themen für dich und deinen Thermomix®! Im Jahresabo von **mein ZauberTopf** kannst du Geld sparen und jede neue Ausgabe kommt portofrei direkt zu dir in den Briefkasten. Als Dankeschön kannst du dir ein wertvolles Geschenk deiner Wahl aussuchen!

FÜR NUR 6 € ZUZAHLUNG IM JAHR ALLES AUCH DIGITAL LESEN!

WOW! WAS FÜR EINE TOLLE IDEE!
mein ZauberTopf ist bekannt für Ideen mit dem gewissen Etwas. Du findest garantiert mehr als eine Überraschung, die dich **begeistert**!

SAISONALE MIX-REZEPTE
Darum geht's: Wir kochen **immer saisonal**, dadurch unschlagbar preisbewusst, **raffiniert einfach** und vor allem lecker!

EINZIGARTIGES KNOW-HOW
In jeder Ausgabe widmen wir uns besonderen **Funktionen** und genialen Möglichkeiten, die der **Thermomix®** bietet.

mein ZauberTopf ist eine Publikation aus dem Hause falkemedia und steht in keinerlei Verbindung zu den Unternehmen der Vorwerk-Gruppe. Die Marken „Thermomix®", „TM5®" und „Varoma®" sowie die Produktgestaltungen des „Thermomix®" sind eingetragene Marken der Unternehmen der Vorwerk-Gruppe. Für die Rezeptangaben in mein ZauberTopf ist ausschließlich falkemedia verantwortlich.

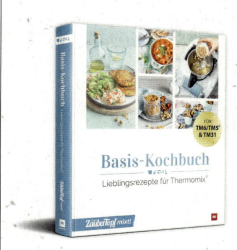

**3ER-SET „ZAUBERPRISE",
BIO-GEWÜRZMISCHUNGEN**
Die perfekte Würze für Salat, Geflügel- und Fischgerichte: entwickelt und empfohlen für den Thermomix®.
Ohne Zuzahlung, ~~14,67 Euro~~ | Prämien-ID: F1406

BASIS-KOCHBUCH
Das große Basis-Kochbuch ist die „Bibel" für alle Nutzer des Thermomix®. Es hält mit seinen 260 Seiten auf jede Koch- und Backfrage eine Antwort parat!
Ohne Zuzahlung, 29,90 Euro | Prämien-ID: F1403

ZUBEHÖR-PAKET „S"
Das Set enthält die vollständige Grundausstattung zum Reinigen deines Mixtopfs: 1 Silikonspatel, 3 flexible Messerbürsten und 1 Universalbürste für den Mixtopf.
Ohne Zuzahlung, ~~14,95 Euro~~ | Prämien-ID: F1214

EIN GESCHENK NACH WAHL GIBT'S GRATIS DAZU!

JETZT JAHRESABO ABSCHLIESSEN UND TOLLE PRÄMIE SICHERN!

BESTELLNUMMER: MZ17ONE

Einzelhefte und unterschiedliche Abo-Angebote:
WWW.SHOP.ZAUBERTOPF.DE

BESTELLUNG

PER POST
Abo-Service falkemedia
mein ZauberTopf
Postfach 810640 · 70523 Stuttgart

ONLINE
www.zaubertopf.de/
praemienabo

PER TELEFON
Ruf einfach an unter:
+49 711 72 52 293

SNACK SENSATION

Salzige Knabbereien für den Spieleabend, Süßes für den Abend auf der Couch oder saftiges Kaffeezeit-Gebäck. Wir zeigen, wie ihr die beliebtesten „Sünden" vollwertiger und gesünder zubereitet

Rezepte: Vera Schubert
Fotos & Styling: Anna Gieseler

Dinkel-Käsecracker
Rezept auf Seite 108

> **TIPP** „Raw" heißt roh – das bedeutet, dieser Käsekuchen wird nicht gebacken! Sein Boden und die Füllung werden nur gekühlt und dadurch schön fest. Er kommt ohne Eier aus und wird auch ansonsten vollständig aus veganen Zutaten zubereitet. Den müsst ihr probieren!

„Raw" Cheesecake
Rezept auf Seite 108

Dinkel-Waffelkonfekt

00:45 std : min

PRO WAFFELHERZ: 54 KCAL | 2 G E | 2 G F | 6 G KH
ZUTATEN FÜR ETWA 35 STÜCKE

- 500 g Wasser
- 500 g Süßkartoffeln, geschält und in Stücken
- 100 g Dinkelkörner
- 80 g Pecorino, in Stücken
- Blättchen von 2 Stielen Basilikum
- Blättchen von 2 Stielen Oregano
- Blättchen von 2 Stielen Thymian
- Nadeln von 1 Zweig Rosmarin
- 5 Eier
- 40 g getrocknete Tomaten, in kleinen Würfeln
- 1 Prise frisch geriebene Muskatnuss
- ½ TL Salz
- 2 Prisen frisch gemahlener schwarzer Pfeffer
- etwas Rapsöl zum Ausbacken

1 | 500 g Wasser in den ⌒ geben, Garkorb einhängen und Süßkartoffeln einwiegen. **25 Min. | Varoma® | Stufe 2** garen. Garkorb mithilfe des ⌒ herausnehmen, den ⌒ leeren, spülen und trocknen.

2 | Dinkel im ⌒ **30 Sek. | Stufe 10** mahlen und umfüllen. Pecorino mit den frischen Kräutern im ⌒ **10 Sek. | Stufe 8** zerkleinern. Eier, getrocknete Tomaten, Muskatnuss, Salz, Pfeffer, Dinkel sowie die Süßkartoffeln zugeben und **20 Sek. | Stufe 2–4** aufsteigend zu einer homogenen Masse verarbeiten.

3 | Waffeleisen vorheizen und mit etwas Öl bestreichen. Nun 1–2 Esslöffel Teig daraufgeben und je Waffel etwa 3 Min. ausbacken. Die Waffeln auf einem Gitter auskühlen lassen und direkt verzehren oder kurz vor dem Verzehr auftoasten.

> **TIPP** Für pikante Waffeln am Stiel könnt ihr entweder ein spezielles Waffeleisen für Stielwaffeln verwenden oder die Herzwaffeln entlang der Kanten in herzförmige Teile schneiden und diese von der Spitze her mit Holzstäbchen aufspießen.

Apfel-Nuss-Crumble

00:30 std : min

PRO PORTION: 313 KCAL | 8 G E | 23 G F | 23 G KH
ZUTATEN FÜR 6 PORTIONEN

- 50 g Walnusskerne
- 50 g Haselnusskerne
- 80 g Mandelmehl
- 4 kleine Äpfel, geviertelt
- 60 g Kokosöl
- 20 g Xylit
- ½ TL Zimtpulver
- 1 Prise Salz

1 | Den Backofen auf 180 °C Umluft vorheizen. Walnuss- und Haselnusskerne in den ⌒ geben, **5 Sek. | Stufe 6** zerkleinern. Das Mandelmehl zufügen und **5 Sek. | Stufe 3** vermengen. Umfüllen. Den ⌒ anschließend spülen.

2 | Die Äpfel im ⌒ **3 Sek. | Stufe 5** zerkleinern und in eine ofenfeste Backform oder 6 kleine Förmchen füllen.

3 | Kokosöl in den ⌒ geben und **3 Min. | 45 °C | Stufe 1** erwärmen. Xylit, Zimt, Salz sowie die Nuss-Mehl-Mischung zufügen und **15 Sek. | Stufe 6** zu Streuseln verarbeiten.

4 | Die Streusel auf den Äpfeln verteilen und 15–20 Min. goldbraun backen. Den Crumble noch warm servieren.

> **TIPP** Die Streusel könnt ihr vorbereiten und portionsweise einfrieren. Dann könnt ihr auch spontan mal einen frischen Apfel oder eine Birne in Stücken mit den bereits fertigen Streuseln als kleine Portion nur für euch oder 2 Personen backen und genießen. Alternativ schmecken auch bunte Beeren aus dem Tiefkühler, so ist alles vorbereitet für eine kleine Heißhunger-Attacke.

> **TIPP** Für eine elegante Nachspeise könnt ihr den Crumble auf kleine Crème-brulée-Förmchen aufteilen und jedem Gast eine eigene heiße Portion servieren.

Dinkel-Käsecracker

00:15 std:min

PRO STÜCK: 61 KCAL | 3 G E | 3 G F | 4 G KH
ZZGL. 10 MIN. RUHEZEIT
ZUTATEN FÜR 24 STÜCK

★ 125 g Dinkelkörner
★ 80 g Parmesan, in Stücken
★ 200 g Wasser
★ 40 g Sesamsaat
★ 30 g Mohn
★ 30 g Leinsamen
★ 20 g natives Olivenöl extra
★ 1 TL Salz
★ 1 TL getrockneter Rosmarin

1 | Dinkel in den 🍵 geben, **1 Min. | Stufe 10** fein mahlen und umfüllen. Parmesan im 🍵 **10 Sek. | Stufe 8** zerkleinern und umfüllen.

2 | Wasser in den 🍵 geben und **4 Min. | 100°C | Stufe 1** aufkochen.

3 | Dinkelschrot, Parmesan, Sesam, Mohn, Leinsamen, Öl, Salz sowie Rosmarin zugeben und **2 Min. | 🌾** kneten. Dann 10 Min. im 🍵 quellen lassen. Den Backofen auf 160°C Umluft vorheizen.

4 | Den Teig auf ein mit Backpapier belegtes Backblech geben und mit feuchten Händen flächig darauf verteilen. 8–10 Min. backen. Cracker rechteckig zuschneiden und auskühlen lassen.

> **TIPP** Die Cracker bleiben – genau wie Knäckebrot – nur dann schön knusprig, wenn sie abseits von feuchten Broten in einer luftdicht verschließbaren Dose gelagert werden.

Zartbitter-Crossies

00:15 std:min

PRO STÜCK: 43 KCAL | 1 G E | 4 G F | 1 G KH
ZUTATEN FÜR 45 STÜCK

★ 60 g Mandelkerne
★ 50 g Walnusskerne
★ 40 g Kürbiskerne
★ 150 g Edelbitterschokolade, in Stücken
★ 10 g Kokosöl
★ 1 Prise Salz

1 | Mandelkerne, Walnusskerne sowie Kürbiskerne im 🍵 **3 Sek. | Stufe 6** grob zerkleinern. In einer Pfanne ohne Fett rösten und etwas abkühlen lassen.

2 | Schokolade in den 🍵 geben und **6 Sek. | Stufe 8** zerkleinern. Mit dem 🥄 nach unten schieben. Das Kokosöl zufügen und **4 Min. | 50°C | Stufe 2** schmelzen.

3 | Geröstete Kerne mit dem Salz zur Schokoladenmischung in den 🍵 geben und **1 Min. | ↺ | Stufe 2** vermischen. Mithilfe von 2 Teelöffeln kleine Häufchen auf ein mit Backpapier ausgelegtes Blech setzen. Die Zartbitter-Crossies aushärten lassen und luftdicht verpacken.

> **TIPP** Hochwertige Nüsse und Kerne kosten meist ein paar Euro. Wir empfehlen, hier nicht zu sparen. Ihr benötigt insgesamt nur fünf Zutaten neben dem Salz. Kauft ihr hier das Beste, was erhältlich ist, werdet ihr es auch schmecken. Wichtig ist zudem: Besorgt die Kerne am besten frisch und braucht sie bald auf, denn sie sollten nicht lange gelagert werden. Auch ein hochwertiges Bio-Kokosöl eignet sich. Gönnt euch an dieser Stelle einfach mal etwas wirklich Hochwertiges.

Noch ein paar gute Ideen abstauben?
WWW.PINTEREST.DE/MEINZAUBERTOPF

„Raw" Cheesecake

00:10 std:min

PRO STÜCK: 358 KCAL | 8 G E | 29 G F | 18 G KH
ZZGL. 8 STD. RUHEZEIT
ZUTATEN FÜR 16 STÜCKE

★ 400 g Cashewkerne
★ 100 g blanchierte Mandelkerne
★ 60 g Macadamianusskerne
★ 120 g getrocknete Datteln
★ ¼ TL Meersalz
★ 100 g Kokosmilch (Dose), fester Teil
★ 60 g Agavendicksaft
★ 100 g Kokosöl
★ Saft und Abrieb von 2 unbehandelten Zitronen
★ Mark von 1 Vanilleschote
★ 100 g Kokoschips
★ Zitronenzesten zum Garnieren

1 | Cashews mind. 4 Std. oder über Nacht in der doppelten Menge Wasser einweichen.

2 | Eine Springform (Ø 20 cm) mit Backpapier auslegen. Mandelkerne, Macadamianusskerne, Datteln sowie Salz in den 🍵 geben und **20 Sek. | Stufe 10** zerkleinern. Die Masse in die Springform geben, am Boden fest andrücken sowie einen Rand formen. In das Gefrierfach stellen. Den 🍵 spülen.

3 | Nach der Einweichzeit Cashews in den Garkorb abgießen, mit frischem Wasser abspülen und abtropfen lassen. Cashewkerne, Kokosmilch, Agavendicksaft, Kokosöl, Zitronensaft, -abrieb sowie Vanillemark in den 🍵 geben und **1 Min. | Stufe 9** pürieren. Ggf. mit dem 🥄 nach unten schieben und erneut pürieren, bis die Cashewmasse fein cremig ist. Die Füllung über den Boden geben und mind. 4 Std. oder über Nacht in das Gefrierfach stellen.

4 | Cheesecake etwa 30 Min. vor Verzehr aus dem Gefrierschrank nehmen. Mit Kokoschips und Zitronenzesten verzieren und servieren.

> **TIPP** Der Cheesecake kann portionsweise eingefroren werden. So könnt ihr einzelne Stücke entnehmen und ruck, zuck als Dessert servieren!

NEU

REZEPTE FÜR MONSIEUR CUISINE

IM JAHRESABO

Jetzt im ZauberTopf-Shop, im Handel und bei Lidl

PLUS
5
NEUE
GUIDED COOKING REZEPTE
IN JEDER AUSGABE

6 Ausgaben für nur 24,90 € abonnieren

Mix-Spaß im Abo!

Gönn' dir was!
6 Ausgaben im Jahr –
die besten Rezepte
für Monsieur Cuisine
portofrei direkt im
Briefkasten!

BESTELLNUMMER: MC20ONE

BESTELLUNG

PER POST
Abo-Service falkemedia
mein ZauberTopf
Postfach 810640 · 70523 Stuttgart

ONLINE
www.zaubertopf.de/mcabo

PER TELEFON
Ruf einfach an unter:
+49 711 72 52 293

Ein Jahr abonnieren für nur 24,90 Euro und 10 % ggü. Einzelkauf sparen!

MOTIVATION FÜR EIN FITTERES „ICH"

Männer sprechen nur selten darüber, dass sie unzufrieden mit sich sind und gern etwas ändern würden. Der leidenschaftliche Thermomix® Foodblogger Torsten von „Food with Love" krempelte sein Leben hinsichtlich seiner Gesundheit und Fitness um und verlor dabei 25 Kilo. Hier verrät er, wie er es mit Spaß am Kochen und mithilfe seiner Frau Maren schaffte, am Ball zu bleiben

WIE KAMST DU AN DEN PUNKT, ETWAS ÄNDERN ZU WOLLEN?
In allererster Linie durch mein Aussehen. Im Sommerurlaub habe ich mich unwohl gefühlt, beim Fußball hatte ich oft keine Ausdauer und Kondition. Das sollte sich ändern. Die drastische Umstellung ist inzwischen fast acht Jahre her.

WIE LAUTETEN DEINE ZIELE?
Ich wollte mein Gewicht reduzieren und mein Aussehen verändern. Dabei wollte ich nicht auf ein starres Diätprogramm oder dergleichen zurückgreifen und Kalorien zählen, sondern in erster Linie Sport und Ernährung miteinander kombinieren.

WUSSTEST DU, WIE DU DEINE ZIELE ERREICHEN WÜRDEST?
Ja, durch eine gute Kombination aus Sport, mehr Bewegung und gesunder Ernährung. Dabei war mir besonders wichtig, dass ich mir nicht alles verbiete oder ich mich zu stark disziplinieren muss. Vielmehr habe ich bewusster darauf geachtet, was ich esse, und vieles mit Bewegung und Fußball kompensiert.

WAS HAT DIR AUF DEINEM WEG BESONDERS GEHOLFEN?
Der große Zuspruch durch Freunde, Bekannte und Familie. Ich habe mit Freunden bewusster gekocht und mich bewusster ernährt. Und Lob für die optische Veränderung bewirkt Wunder und ist Ansporn.

WAS IST DIR BESONDERS SCHWERGEFALLEN?
Eigentlich gar nichts. Dadurch, dass ich mir keine richtigen Grenzen und Verbote gesetzt habe, war es ein angenehmes Umstellen meiner Lebenssituation. Es sollte kein Prozess sein, der sehr schnell Erfolge zeigen muss, sondern eine langfristige Umstellung und gesunde Gewichtsreduzierung nach und nach.

HAST DU DENN DEINE ZIELE ERREICHT?
Ich habe in der Zeit etwa 25–30 Kilogramm abgenommen. Die Leistungssteigerung bei sportlichen Betätigungen habe ich enorm gespürt und meine Frau habe ich ebenfalls in dieser Zeit kennengelernt. Da ich mir persönlich kein fixes Ziel gesetzt habe, bin ich zu 100 % mit dem erzielten Ergebnis zufrieden. Durch das Kochen mit dem Thermomix® achten wir nun gemeinsam auf eine abwechslungsreiche und ausgewogene Ernährung. Da wir als Blogger viele neue Rezepte ausprobieren und auch eigene kreieren, fällt mir das Halten des Gewichts aktuell nicht ganz so leicht…

HAST DU TIPPS FÜR ALLE, DIE ETWAS ÄNDERN MÖCHTEN?
Achtet bewusst auf eure Ernährung und kombiniert dies mit einer sportlichen Betätigung, die euch zusagt. Diszipliniert euch, aber übertreibt es nicht. Belohnt euch und holt euch Zuspruch aus eurem Bekannten-, Freundes- und Familienkreis!

WIE THEMATISIERST DU ERNÄHRUNG AUF EUREN SOCIAL-MEDIA-KANÄLEN?
Wir veranstalten häufiger Themenwochen oder auch kulinarische Reisen rund um die Welt. In nächster Zeit wollen wir auch hier näher auf das Thema „Low Carb" eingehen und uns damit intensiv auseinandersetzen. Aktuell bauen wir ein Haus, Anfang 2021 ziehen wir ein. Dann haben wir wieder etwas mehr Zeit und legen richtig los!

SPIELT GESUNDE ERNÄHRUNG IN DEN REZEPTEN EINE ROLLE?
Wir legen großen Wert auf frische Zutaten, die Qualität der Zutaten und außergewöhnliche Rezepte. Wir verwenden keine TK-Kost. Außerdem probieren wir viel aus und experimentieren gern. Natürlich gibt es hin und wieder auch mal „ungesundes" Essen, welches natürlich auch mal erlaubt ist!

STECKBRIEF
Name: Torsten Roeder
Jahrgang: 1989
Thermomix® Nutzer seit: 2017
Aktuelles Thermomix® Modell: TM6
Lieblingsfunktion: Sous-vide-Garen
Ernährungsstil: abwechslungsreich & frisch
Lieblingsgericht: Risotto in allen Variationen

TORSTEN ÜBER SEIN LIEBLINGSREZEPT:
„DIE KOMBI MIT VIEL GEMÜSE UND EINER PORTION REIS IST EINFACH LECKER UND MACHT SATT!".

Zucchini-Paprika-Reis mit Pfiff

PRO PORTION: 331 KCAL | 7 G E | 10 G F | 54 G KH

ZUTATEN FÜR 4 PERSONEN

- 35 g Rapsöl
- 1 TL Currypulver
- 2 TL Salz
- ½ TL frisch gemahlener schwarzer Pfeffer
- 2 Prisen getrockneter Oregano
- 1 Zwiebel, geviertelt
- 100 g Cherrytomaten, halbiert
- 1 Zucchini, in Stücken
- 1 rote Paprikaschote, in Stücken
- 1200 g Wasser
- 1 TL Gemüsebrühe
- 250 g Basmatireis
- etwas Parmesan nach Bedarf

00 : 40 std : min

1. Rapsöl, Curry, 1 TL Salz, Pfeffer, Oregano, Zwiebel und die Tomaten in den 🥣 geben, **10 Sek. | Stufe 5** zerkleinern und mit dem Spatel nach unten schieben

2. Im Anschluss **3,5 Min. | 70 °C | 🥣 | Stufe 2** andünsten. Die angedünstete Zwiebel-Tomaten-Masse mit Zucchini und Paprika in eine Schüssel geben und vermengen.

3. Wasser in den 🥣 füllen, 1 TL Salz und Gemüsebrühe zufügen. Den Garkorb in den 🥣 hängen und den Reis einwiegen

4. Die Gemüse-Mischung im Varoma® verteilen und darauf achten, dass genug Dampfschlitze frei bleiben. Alles verschließen und **25 Min. | Varoma® | Stufe 1** garen. Wer mag, kann noch Parmesan über das Gericht streuen, denn er ist relativ fettarm.

DAS DUO VON TM-COOKWITHLOVE IM NETZ

Hier könnt ihr Maren und Torsten bei ihren Thermomix® Abenteuern folgen

 www.tm-cookwithlove.de

 @tm_cookwithlove

 facebook.com/tmcookwithlove

 TM-Cookwithlove

Fotos: TM Cookwithlove (2)

---

mein ZauberTopf
www.zaubertopf.de
Impressum

mein ZauberTopf ist eine unabhängige Publikation aus dem Hause falkemedia und steht in keinerlei Verbindung zu den Unternehmen der Vorwerk-Gruppe. Die Marken „Thermomix®", „TM5®" und „Varoma®" sowie die Produktgestaltungen des „Thermomix®" sind eingetragene Marken der Unternehmen der Vorwerk-Gruppe. Für die Rezeptangaben in mein ZauberTopf ist ausschließlich falkemedia verantwortlich.

Verlag
falkemedia GmbH & Co. KG, An der Halle 400 #1, 24143 Kiel
Tel. +49 431 200 766-0, Fax +49 431 20 07 66 50
E-Mail: info@zaubertopf.de, www.zaubertopf.de

Herausgeber
Kassian Alexander Goukassian (v. i. S. d. P.)

Mitglied der Geschäftsleitung & Ltg. Marketing
Wolfgang Pohl

Chefredakteurin/Teamleitung
Vivien Koitka

Redaktion (redaktion@zaubertopf.de)
Stefanie Nickel, Hannah Hold (in Elternzeit), Svenja Rudolf, Madeline Bartsch, Red.-Ass.: Alexandra Jürgensen

Für Rezeptfragen, Korrekturen und Anmerkungen
www.zaubertopf.de/rezept-updates

Rezeptentwicklung
Charlotte Heyn, Vera Schubert, Jennifer Dehen, Désirée Peikert, Tamara Petersen, Tessa Prignitz, Sven Hoevermann (Koch)

Art-Direktion/Layout
Lisza Lange, Nadja Ulrich

Grafik und Bildbearbeitung
Nele Witt, Sara Wegner, Kathrin Knoll

Lektorat
SchlussBlick

Fotografen dieser Ausgabe
Tina Bumann, Anna Gieseler, Kathrin Knoll, Ira Leoni, Désirée Peikert

Abonnementbetreuung
abo@zaubertopf.de, Tel. +49 711 72 52 293,
mein ZauberTopf Abo-Service, Postfach 810640, 70523 Stuttgart

Mediaberatung
Silja Aicher (kontakt@aichermediakontor.de)
Aicher Mediakontor, Tel. +49 40 87 07 44 41

Martin Wetzel (Martin.Wetzel@brmedien.de)
Tel. +49 22 41 17 74 14, Fax: +49 22 41 17 74 20

Sascha Eilers (s.eilers@falkemedia.de), Tel. +49 4340 49 93 79,
Mobil: +49 151 53 83 44 12, Fax: +49 4340 49 93 91

Anzeigenkoordination
Dörte Schröder (d.schroeder@falkemedia.de), Tel. +49 431 20 07 66 12

Anzeigenpreise: Siehe Mediadaten 2021 unter www.zaubertopf.de

Produktionsmanagement/Druck
impress GmbH, www.impress-media.de

Vertrieb
VU Verlagsunion KG, Meßberg 1, 20086 Hamburg

Vertriebsleitung
Hans Wies, VU Verlagsunion KG (hans.wies@verlagsunion.de)

Bezugsmöglichkeiten
Abo, Zeitschriften- und Buchhandel, Bahnhöfe, Flughäfen

Einzelpreis: 5,50 Euro (reguläres Heft), 9,99 Euro (Spezial)
Jahresabonnement: 42,90 Euro
Europäisches Ausland zzgl. 0,90 Euro je Ausgabe.
In den Preisen sind Mehrwertsteuer und Zustellung enthalten.
Bezogen auf 8 Ausgaben im Jahr. Der Verlag behält sich
die Veränderung der Erscheinungsfrequenz vor.

Manuskripteinsendung
Manuskripte jeder Art werden gerne entgegengenommen. Sie müssen frei von Rechten Dritter sein. Mit der Einsendung gibt der Verfasser die Zustimmung zum Abdruck des Manuskriptes auf Datenträgern der Firma falkemedia. Ein Einsenden garantiert keine Veröffentlichung. Honorare nach Vereinbarung oder unseren AGB. Für unverlangt eingesandte Manuskripte übernimmt der Verlag keine Haftung.

Urheberrecht
Alle hier veröffentlichten Beiträge sind urheberrechtlich geschützt. Reproduktionen jeglicher Art sind nur mit Genehmigung des Verlages gestattet.

Veröffentlichungen
Sämtliche Veröffentlichungen in dieser Fachzeitschrift erfolgen ohne Berücksichtigung eines eventuellen Patentschutzes. Warennamen werden ohne Gewährleistung einer freien Verwendung benutzt.

Haftungsausschluss
Für Fehler im Text, in Schaltbildern, Aufbauskizzen usw., die zum Nichtfunktionieren führen, wird keine Haftung übernommen.

Datenschutz
Jürgen Koch (datenschutzanfrage@falkemedia.de),
falkemedia GmbH & Co. KG, Abt. Datenschutz,
An der Halle 400 #1, 24143 Kiel

Bei falkemedia erscheinen außerdem die Publikationen LandGenuss, So is(s)t Italien, Mein LandRezept, NaturApotheke, Mac Life, BEAT, DigitalPHOTO, BÜCHER und Die 101 Besten.

© falkemedia, 2021 | www.falkemedia.de | ISSN 2510-392X

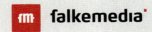

LOW-CARB-EXTRA
Das Top-Thema

Wir machen es euch leicht und liefern Rezepte, Know-how und die entscheidenden Geheimtricks, wie ihr mit Genuss in die Low-Carb-Ernährung startet

FRÜHTÜCK
SEITE 116

MITTAG
SEITE 124

ONE POT & ALL IN ONE
SEITE 132

KAFFEEZEIT
SEITE 142

LOW CARB
EINFACH & GUT

Was heißt eigentlich Low Carb und wie funktioniert dieses Prinzip der Ernährung? Unsere Tipps und Rezepte helfen, den Einstieg zu finden und die Motivation beizubehalten

DREI „FAUSTREGELN"

1 Weniger Kohlenhydrate
Spart Kohlenhydrate, wo ihr könnt. Schaut man sich genauer an, was Kohlenhydrate mit unserem Körper machen, wird klar, dass sie bei der Kombination aus Überangebot und Bewegungsmangel zu Bauchfett und Übergewicht führen können. Zudem löst der Verzehr von stärke- und zuckerreichen Lebensmitteln bei jedem ein Hungergefühl aus, was noch zu mehr Appetit führt. Und: Zucker macht leider süchtig.

2 Mehr gute Fette
Steigert euren Fettkonsum. Ja, ihr habt richtig gelesen. Denn Fett macht nicht gleich fett. Unser Körper braucht es sogar bei einer Low-Carb-Ernährung. Er ist perfekt dafür ausgelegt, über die Fettverbrennung an Energie zu gelangen. Statt schneller Energie aus Kohlenhydraten geht die Gewinnung aus Fetten langsamer voran, der Körper verbraucht dabei sogar Energie und verbrennt mehr Kalorien als bei der Verbrennung von Kohlenhydraten.

3 Langsam umstellen
Lasst euch Zeit! Stellt nicht direkt von 100 auf 0 um, sondern greift in den ersten Tagen noch mal mehr zu Obst, kleinen Mengen Vollkorn und Ähnlichem. Hin und wieder treten zu Beginn Kopfschmerzen auf. Gönnt euch dann (wenig) Vollkornprodukte, (wenig) Bitterschokolade, (wenig) Banane und (viele) Nüsse. Generell ist diese langsame Umstellung zu Low Carb sinnvoll, damit sich euer Körper daran gewöhnen kann.

UMSTELLUNG OHNE UMSTELLUNG!

Wer seine Ernährung und damit sein Körpergewicht verändern möchte, wird oft mit dem Begriff „Ernährungsumstellung" konfrontiert. Das vermittelt den Eindruck, dass wir unsere lieb gewonnenen Alltagsspeisen nicht mehr essen dürften. Das ist aber zum Glück nicht grundsätzlich der Fall! In diesem Spezial zeigen wir euch, wie ihr beliebte Alltagsgerichte mit ein paar Handgriffen in Low-Carb-Varianten verwandelt. Und schon ist es keine Ernährungsumstellung, sondern nur noch eine „Zutatenumstellung", die viel einfacher umzusetzen ist. Übrigens werdet ihr höchstwahrscheinlich sogar ganz viele neue Produkte entdecken und kennenlernen, die ihr ohne diese „Zutatenumstellung" vielleicht nie probiert hättet – und das macht richtig Spaß!

WOFÜR STEHT LOW CARB?
Low Carb bedeutet „wenig Kohlenhydrate". Bei dieser Ernährung wird die Kohlenhydratmenge auf unter 100 g, strenger unter 70 g am Tag beschränkt. Sprich: Es kommt wenig bis gar kein Getreide, stärkehaltiges Gemüse und Obst auf den Teller, dafür werden umso mehr Eiweiß aus Eiern, Fisch, Fleisch und Käse sowie jede Menge leichtes Gemüse gegessen. Zucker zählt zu den Kohlenhydraten, daher solltet ihr ihn meiden.

Da der Körper keine Kohlenhydrate zur Energiegewinnung nutzen kann, zieht er die benötigte Power aus unseren Fettreserven. Ergebnis der Low-Carb-Ernährung: Wir nehmen nicht nur ab, sondern verbessern auch noch unseren Stoffwechsel.

Ganz wichtig: Low Carb heißt nicht „No Carb" – das würde bedeuten „keine Kohlenhydrate" wären erlaubt. Das heißt, es gibt bei der Low-Carb-Ernährung kein „Verbot", sondern nur eine reduzierte Kohlenhydratmenge.

Gerichte wie „Spaghetti Bolognese" findet Ihr ab Seite 124. Für dieses Gericht gilt: Alles bleibt gleich, nur die Pasta wird durch Zoodles ersetzt.

LOW-CARB-**EXTRA**

LEBENSMITTEL, DIE JETZT GUTTUN

✓ Gemüse und Salate satt
✓ viel Eiweiß aus Eiern, Fisch, Fleisch und Käse
✓ Fett aus Nüssen, Ölen und Kokosnüssen
✓ Wasser, Tees und Schorlen
✓ Hülsenfrüchte und Vollkorn in Maßen
✓ Obst in Maßen
✓ Bewegung

LEBENSMITTEL, DIE IHR MEIDEN SOLLTET

✗ Zucker und Ersatzsüße wie Honig, Agavendicksaft, Süßstoff & Co.
✗ stärkehaltige Lebensmittel
✗ Paniertes (Fleisch, Fisch, Käse)
✗ Kekse, Kuchen und Sahnetorten
✗ Saft, Limonaden und Alkohol
✗ Toast und Weißmehlprodukte

SO HILFT EUCH DER THERMOMIX®

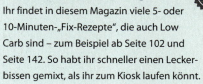

Schnelle Abhilfe bei Heißhunger
Ihr findet in diesem Magazin viele 5- oder 10-Minuten-„Fix-Rezepte", die auch Low Carb sind – zum Beispiel ab Seite 102 und Seite 142. So habt ihr schneller einen Leckerbissen gemixt, als ihr zum Kiosk laufen könnt.

Support bei Vorbereitungen
Lasst den Thermomix® zu jeder Tageszeit für euch schneiden, rühren und kochen. Dank seiner vielseitigen Funktionen ist der Teller, der Kühlschrank oder die Lunchbox ratzfatz gefüllt mit Leckerbissen.

Große Mengen für mehrere Tage
Wenn ihr den Mixtopf und den Varoma® geschickt einsetzt, könnt ihr Beilagen für bis zu 5 Tage in einem zeitsparenden Kochdurchgang zubereiten. Eine Meal-Prep-Woche mit Thermomix® findet ihr ab Seite 124.

Schonend dampfgaren
Nutzt euren Varoma®! Kaum jemand ohne Thermomix® hat einen Dampfgarer daheim. Ihr habt dieses wertvolle Zubehör – setzt es ein! Der Aufsatz bereitet euch außergewöhnlich intensiv schmeckende Gerichte zu, da in Gemüse und Fleisch Nährstoffe, Geschmack und Konsistenz erhalten bleiben. Dampfgegartes macht also gesünder und zufriedener!

All-in-one- und One-Pot-Küche
Im Thermomix® könnt ihr All-in-one- und One-Pot-Gerichte mixen, die ohne Herd und Ofen auskommen – Ideen gibt's ab Seite 132. Diese Art des Kochens passt sehr gut in einen vollgepackten Alltag. Ihr kocht Gerichte, ohne weiteren Abwasch zu produzieren. Der Thermomix® kann anschließend in den Geschirrspüler. Das Argument „keine Zeit" gilt also nicht mehr!

MOTIVATIONS-CHECK

Der Schweinehund bellt, ihr habt ein Tief oder ein Hungergefühl holt euch ein? Hier haben wir die besten Tipps für euch auf einen Blick, wie ihr das Ziel nie aus den Augen verliert!

Findet euren eigenen Weg!
Dem einen hilft es, sich jeden Tag zu wiegen, der Nächste braucht eine Freundin, die beim Abnehm-Programm mitmacht – was auch immer euch guttut und hilft, bleibt dabei!

Unterwegs essen
Überlegt euch, was ihr üblicherweise gern kauft und unterwegs oder zwischendurch snackt. Dann sucht euch das passende Low-Carb-Rezept, bereitet es zu und habt diese „Sicherheits-Snacks" immer dabei!

Das Tief
Wenn euch die Lust fehlt weiterzumachen, dann esst eine Pizza oder eine Portion Nudeln – ihr werdet wahrscheinlich das Völlegefühl spüren und gern zurück zur Low-Carb-Variante kommen!

Auf den Hunger hören
Achtet darauf, wann ihr esst. Ziel sollte es sein, nur aus einem Grund zu essen: Hunger. Und es gilt aufzuhören, wenn man satt ist. Aus Langeweile zu essen ist keine gute Idee – denn dabei verliert man schnell den Überblick über die verzehrte Menge.

Setzt euch nicht unter Druck
Unerreichbare Ziele verursachen Stress. Lasst euch Zeit! Gewicht gesund zu reduzieren geht nur mit Geduld und nicht in 5 Tagen. Seid euch dessen bewusst und fangt einfach Stück für Stück an. Integriert mehr und mehr neue Gerichte in euren Alltag, die mit gesunden, Low-Carb-Zutaten auskommen, und achtet darauf, unverarbeitete Lebensmittel selbst zuzubereiten. Der Thermomix® hilft euch dabei!

Ihr schafft den Start nicht?
Auch kein Problem! Sucht eine Ernährungsberatung in eurer Nähe, die euch hilft, den Anfang zu machen. Manchmal ist schon der Gedanke an eine Veränderung Stress. Wenn ihr erkennt, was euch hindert, könnt ihr genau dies besser anpacken!

REZEPTE UNTER WWW.ZAUBERTOPF-CLUB.DE 115

SO GEHT FRÜHSTÜCK

Ab jetzt gibt's morgens Bagels, Bowls und mehr für einen energiereichen Tagesauftakt – und alles Low Carb!

Rezepte: Madeline Bartsch | Fotos & Styling: Tina Bumann

Cream-Cheese-Bagels mit Lachs
Rezept auf Seite 122

> **TIPP** Als „Turkish Delight" werden traditionelle türkische Leckereien bezeichnet. Meist sind es sehr süße, softe, kleine Würfel auf Basis von Stärke und Zucker mit getrockneten Datteln und Nüssen, bestäubt mit Puderzucker oder Kokosnussraspeln. Unsere Bowl erinnert mit ihren Farben und der Aromenvielfalt an diese Süßwaren.

Smoothie-Bowl „Turkish Delight"
Rezept auf Seite 122

REZEPTE UNTER WWW.ZAUBERTOPF-CLUB.DE 117

Stefanie

Ich liebe Frühstück – am liebsten mit viel Zeit und in Gesellschaft. Für den Job-Alltag muss es allerdings wirklich schnell, gesund und auch gern zum Mitnehmen geeignet sein. Bagels, Bowls und Porridge kommen da gerade recht!

Frühstücks-Soufflé mit Beeren
Rezept auf Seite 123

LOW-CARB-**EXTRA**

>**TIPP** Eier, Tomaten, Zwiebeln und Chili sind die Hauptzutaten des populären israelischen Gerichts. Keine Überraschung also, dass es auch hierzulande aktuell zu den heißen Food-Trends gehört. Ihr könnt das deftige Low-Carb-Gericht ab sofort mit diesem Rezept einfach und schnell all in one im Thermomix® zubereiten.

Shakshuka
Rezept auf Seite 123

OVERNIGHT-OATS ZWEIMAL ANDERS

Vanilla-Berry-Oats
Rezept auf Seite 123

> **TIPP** Overnight-Oats – das heißt „Über Nacht"-Haferflocken. Denn dieser Frühstücks-Hit macht sich über Nacht praktisch von ganz allein: Haferflocken quellen mit anderen Zutaten in Milch oder einem alternativen veganen Drink. Der Thermomix® übernimmt für euch das Zerkleinern und Vermischen der Zutaten. Mit dieser simplen Mix-Idee gibt's keinen guten Grund mehr, ohne Frühstück aus dem Haus zu gehen!

Chocolate-Crunch-Oats
Rezept auf Seite 123

Cream-Cheese-Bagels mit Lachs

01 | 10
std : min

PRO PORTION: 732 KCAL | 46 G E | 54 G F | 17 G KH
ZUTATEN FÜR 4 PERSONEN

★ 120 g goldene Leinsamen
★ 250 g Mozzarella
★ 80 g Magerquark
★ 60 g Mandelmehl
★ 3 TL Backpulver
★ 2 Eier
★ 20 g frischer Meerrettich
★ Spitzen von ½ Bund Dill
★ 150 g Räucherlachs, in Scheiben
★ 250 g Frischkäse
★ Saft von ½ Zitrone
★ Salz
★ frisch gemahlener schwarzer Pfeffer
★ 1 Eigelb
★ 1 EL Milch
★ Sesamsamen zum Bestreuen
★ 100 g Rucola

1 Für die Bagels Leinsamen im ⌒ **20 Sek. | Stufe 10** mahlen und umfüllen. Mozzarella in den ⌒ geben, **5 Sek. | Stufe 6** zerkleinern. Quark zufügen und **5 Min. | 70 °C | Stufe 2** schmelzen. Gemahlene Leinsamen, Mandelmehl, Backpulver und Eier zugeben, alles **3 Min. |** verkneten. Teig in Frischhaltefolie einwickeln und 30 Min. in den Kühlschrank legen. Den ⌒ spülen.

2 Währenddessen den Lachsfrischkäse zubereiten. Meerrettich und Dill in den ⌒ geben, **6 Sek. | Stufe 8** zerkleinern. Mit dem nach unten schieben. Lachs zufügen und **5 Sek. | Stufe 5** zerkleinern. Frischkäse sowie Zitronensaft in den ⌒ geben, alles **30 Sek. | ↺ | Stufe 2,5** vermischen. Mit je 3 Prisen Salz und Pfeffer würzen.

3 Den Backofen auf 180 °C Ober-/Unterhitze vorheizen. Ein Blech mit Backpapier auslegen.

4 Teig aus dem Kühlschrank nehmen, in 8 Portionen teilen, zu länglichen Rollen formen und die Enden miteinander verbinden, um die typische Bagelform zu erreichen.

5 Das Eigelb mit der Milch verquirlen, die Bagels mit dieser Mischung bestreichen und nach Belieben mit Sesamsamen bestreuen. Bagels auf dem Backblech verteilen und 20–25 Min. im heißen Ofen goldbraun backen.

6 Bagels aus dem Ofen nehmen und etwas abkühlen lassen. Bagels aufschneiden, mit dem Lachsfrischkäse bestreichen und mit etwas Rucola garniert servieren.

> **TIPP** Die Bagels könnt ihr aufgeschnitten einzeln einfrieren und bei Bedarf die Hälften auftoasten.

> **BROTAUFSTRICHE**

Zum Frühstück, für die Stulle unterwegs und auch zum Abendbrot sind Aufstriche beliebt. Aus gutem Grund: Die Auswahl ist unendlich, es gibt für jeden Geschmack und jede Art von Brot die perfekte Kombi. Und: Ihr könnt sie mit dem Thermomix® alle selbst zubereiten. Von creamy über crunchy, auf Frischkäse-, Nuss- oder Gemüsebasis, vegan, vegetarisch oder mit Fleisch.

Hier haben wir Frischkäse mit Lachs kombiniert, probiert auch eine Kombination mit Schinken oder Geflügel! Viele weitere Kreationen, die sich auch für die Low-Carb-Ernährung eignen, findet ihr bei uns im Club unter www.zaubertopf-club.de

Mehr Inspiration findet ihr hier:
WWW.ZAUBERTOPF-CLUB.DE

Smoothie-Bowl „Turkish Delight"

00 | 05
std : min

PRO PORTION: 232 KCAL | 6 G E | 14 G F | 22 G KH
ZUTATEN FÜR 4 PERSONEN

★ 50 g Pistazienkerne
★ 50 g Bitterschokolade, in Stücken
★ ½ Banane, gefroren
★ 200 g Himbeeren (TK)
★ 350 g Mandelmilch
★ 1 TL Rosenwasser
★ 20 g Datteln, in Ringen
★ gemischte Beeren zum Garnieren (z.B. Himbeeren, Erdbeeren, Heidelbeeren)
★ getrocknete Rosenblätter zum Garnieren

1 Die Pistazien in den ⌒ geben, **5 Sek. | Stufe 7** hacken und umfüllen. Die Schokolade ebenfalls im ⌒ **5 Sek. | Stufe 6** hacken und umfüllen.

2 Gefrorene Banane mit den Himbeeren in den ⌒ geben und **10 Sek. | Stufe 10** zerkleinern. Mit dem nach unten schieben. Mandelmilch sowie Rosenwasser zufügen und alles **30 Sek. | Stufe 4** cremig rühren.

3 Die Masse auf 4 Schalen verteilen, mit Pistazien, Schokolade, Datteln sowie frischen Beeren und Rosenblättern verzieren und sofort servieren.

> **TIPP** Ihr bekommt kein Rosenwasser? Kein Problem, ihr könnt es natürlich einfach weglassen. Es „parfümiert" die Speise auf eine besondere Art und Weise, daher lohnt es sich für den echten Aromakick. Aber auch ohne das Duftwasser schmeckt der Mix aus Obst, Mandelmilch, Pistazien und süßen Datteln erfrischend exotisch.

LOW-CARB-EXTRA

Frühstücks-Soufflé mit Beeren

 01:00 std:min

PRO PORTION: 224 KCAL | 21 G E | 11 G F | 13 G KH
ZUTATEN FÜR 4 PERSONEN

* 2 Eier
* 1 Prise Salz
* 200 g Magerquark
* 40 g Eiweißpulver mit Vanillegeschmack
* 20 g „Xucker" zzgl. etwas mehr zum Bearbeiten
* Mark von 1 Vanilleschote
* etwas Butter zum Einfetten der Förmchen
* 50 g gehobelte Mandelkerne
* 150 g gemischte Beeren (TK)

1 | Den Backofen auf 180 °C Ober-/Unterhitze vorheizen. Die Eier trennen. Rühraufsatz in den ⌑ einsetzen. Eiweiße mit Salz in den fettfreien ⌑ geben, **3 Min. | Stufe 3,5** steif schlagen und umfüllen. Den Rühraufsatz entfernen.

2 | Magerquark, Eiweißpulver, Eigelbe, „Xucker" und Vanillemark im ⌑ **1 Min. | Stufe 4** cremig rühren. Zu dem Eischnee geben und vorsichtig mit dem ⌑ unterheben.

3 | 4 Soufflé-Förmchen mit etwas Butter einfetten und mit „Xucker" ausstreuen. Den Teig in die Förmchen füllen und im Ofen etwa 20 Min. backen.

4 | Währenddessen Mandeln in einer Pfanne ohne Zugabe von Fett goldbraun anrösten.

5 | Die fertigen Soufflés aus der Form lösen, auf einen Teller stürzen und etwas abkühlen lassen. Mit Früchten und Mandeln garniert servieren.

> **TIPP** Die luftigen Küchlein könnt ihr auch in einer Silikon-Muffinform für den Varoma® (z. B. www.zaubertopf-shop.de) backen. Füllt die Mulden nur zu zwei Drittel – so ergibt der Teig 7 kleine Soufflés.

Shakshuka

 00:30 std:min

PRO PORTION: 241 KCAL | 13 G E | 18 G F | 7 G KH
ZUTATEN FÜR 4 PERSONEN

* Blättchen von ½ Bund Petersilie
* 1 große Zwiebel, halbiert
* 1 Knoblauchzehe, halbiert
* 1 rote Paprikaschote, in Stücken
* 1 rote Chilischote, entkernt, in Stücken
* 25 g natives Olivenöl extra zzgl. etwas mehr zum Bestreichen
* 30 g Tomatenmark
* 400 g stückige Tomaten
* 1 TL Kreuzkümmelpulver
* 1 TL edelsüßes Paprikapulver
* 1 TL Salz
* 1 Prise Zucker
* 3 Prisen frisch gemahlener schwarzer Pfeffer
* 4 Eier
* 100 g Feta

1 | Petersilie im ⌑ **4 Sek. | Stufe 7** zerkleinern und in eine Schüssel umfüllen.

2 | Zwiebel, Knoblauch, Paprika sowie Chilischote in den ⌑ geben, **7 Sek. | Stufe 6** zerkleinern. Mit dem ⌑ nach unten schieben. Olivenöl zufügen, alles **5 Min. | 100 °C | Stufe 1** andünsten. Tomatenmark, Tomaten, Kreuzkümmel, Paprikapulver, Salz, Zucker sowie Pfeffer zugeben und weitere **10 Min. | 90 °C | ⟲ | Stufe 1** köcheln lassen.

3 | Währenddessen den Einlegeboden mit Backpapier auslegen, dabei die Dampfschlitze an den Seiten frei lassen. Backpapier mit etwas Olivenöl bestreichen. Eier aufschlagen und nebeneinander auf das Backpapier geben. Einlegeboden in den Varoma® einsetzen, Varoma® aufsetzen und alles **8 Min. | Varoma® | ⟲ | Stufe 1** garen.

4 | Varoma® absetzen, die Tomatensoße auf tiefen Tellern anrichten und jeweils mit 1 Ei belegen. Mit Petersilie sowie etwas zerbröseltem Feta bestreuen und servieren.

Vanilla-Berry-Oats

 00:05 std:min

PRO PORTION: 232 KCAL | 16 G E | 10 G F | 21 G KH
ZZGL. 8 STD. RUHEZEIT
ZUTATEN FÜR 4 PERSONEN

* 50 g blanchierte Mandelkerne
* 150 g Mandelmilch
* 250 g Magerquark
* 80 g Haferflocken
* 20 g Leinsamen
* Mark von 1 Vanilleschote
* bunte Beeren zum Garnieren

1 | Mandeln im ⌑ **7 Sek. | Stufe 6** zerkleinern und in einer Pfanne ohne Fett goldbraun anrösten.

2 | Milch und Quark im ⌑ **10 Sek. | Stufe 3** cremig rühren. Haferflocken, Leinsamen, Vanillemark und Mandeln zufügen, alles **1 Min. | ⟲ | Stufe 2** vermischen. Mischung auf 4 Gläser verteilen. Über Nacht im Kühlschrank ziehen lassen. Am nächsten Morgen Overnight-Oats mit Beeren garniert servieren.

Chocolate-Crunch-Oats

 00:10 std:min

PRO PORTION: 322 KCAL | 9 G E | 22 G F | 22 G KH
ZZGL. 8 STD. RUHEZEIT
ZUTATEN FÜR 4 PERSONEN

* 75 g Haselnusskerne
* 80 g Haferflocken
* 100 g Mandelmilch
* 2 EL Kakaopulver
* 350 g Sahnejoghurt
* 1 TL Agavendicksaft

1 | Am Vorabend Haselnusskerne im ⌑ **6 Sek. | Stufe 6** hacken, dann in einer Pfanne ohne Fett goldbraun anrösten. Etwas abkühlen lassen.

2 | Haferflocken, Mandelmilch und Kakaopulver im ⌑ **20 Sek. | ⟲ | Stufe 2** vermischen. Joghurt mit Agavendicksaft verrühren. Die Haferflocken-Mischung und den Joghurt abwechselnd in 4 Gläser füllen. Abschließend mit den gerösteten Haselnüssen bestreuen, über Nacht im Kühlschrank ziehen lassen und am nächsten Morgen servieren.

REZEPTE UNTER WWW.ZAUBERTOPF-CLUB.DE 123

WAS HEISST EIGENTLICH MEAL PREP?

Beim „Meal Prepping", also der Essensvorbereitung, geht es, wie der Name schon sagt, darum, sich Gerichte oder Teile davon vorzubereiten, sodass Tag für Tag ganze Gerichte daraus entstehen, ohne jeden Tag aufwendig kochen zu müssen. Zusätzlich kommt stets etwas erfrischend anderes auf den Tisch. Grundidee ist es, durch die Vorbereitungen Zeit unter der Woche zu gewinnen und Geld für Mittagessen vom Imbiss oder der Kantine zu sparen.

In unserer Meal-Prep-Woche erwarten euch fünf leichte Rezepte, die wirklich schmecken. Denn: Low Carb ist mehr als Salat! Wir kochen von Pasta bis Risotto alles, was Spaß macht und für Genuss, aber auch reichlich Energie sorgt.

Unsere Rezepte bereitet ihr mit nur einem Großeinkauf und einer Koch-Session am Sonntag (oder an einem anderen Wochentag) vor. Den Einkaufszettel und die Vorbereitungsanleitungen findet ihr auf Seite 130. Ab dann folgt ihr den Beschreibungen auf Seite 131 – täglich sind nur noch minimale Handgriffe nötig, um ein Gericht fertigzustellen.

KOSTENLOS HERUNTERLADEN

Ihr könnt unseren Einkaufszettel so wie die Anleitungen herunterladen, um sie euch auszudrucken und an den Kühlschrank zu pinnen! Hier entlang: www.zaubertopf.de/zauberhaftes

MONTAG

Frittata mit Tomatensalat
Rezept ab Seite 130

MEAL PREP

EINE WOCHE GUT GEPLANT

Tschüss, TK-Pizza und Instant-Nudelsuppe! Hallo,
Meal-Prep-Wochenplan. Ab heute warten leckere Low-Carb-Gerichte
in der Mittagspause. Frisch und abwechslungsreich –
und zwar direkt aus eurer Lunchbox

Rezepte: Charlotte Heyn | Fotos & Styling: Anna Gieseler

DIENSTAG

Gefüllte Tomaten
mit Blumenkohlpüree
Rezept ab Seite 130

DONNERSTAG

Blumenkohlrisotto
Rezept ab Seite 130

FREITAG

Zucchini-Kichererbsen-Salat

Rezept ab Seite 130

EINKAUFSLISTE

GEMÜSE UND OBST
- 725 g Blumenkohl
- 1 große Zucchini
- 1 kleine Zucchini
- 300 g Champignons
- 50 g Karotte
- 4 große Tomaten
- 10 Cocktailtomaten
- ½ Avocado
- 50 g Staudensellerie
- 30 g Babyspinat
- 1 Frühlingszwiebel
- 1 Zwiebel
- 1 kleine rote Zwiebel
- 2 Schalotten
- 2 Knoblauchzehen

FRISCHE KRÄUTER
- ½ Bund Basilikum + 5 Blättchen
- 4 Stängel Petersilie

FLEISCH & MILCHPRODUKTE
- 300 g grobes Rinderhackfleisch
- 150 g Schweinespeck
- 270 ml Milch
- 100 g Parmesan
- 50 g Feta
- 2 EL Schmand
- 10 g Butter
- 3 Eier

GEWÜRZE, ÖLE, ESSIGE
- Salz
- Pfeffer
- Muskatnuss
- Gemüse-Gewürzpaste
- 110 ml natives Olivenöl extra
- 10 ml Balsamicoessig

KONSERVEN & CO.
- 300 g stückige Tomaten (Dose)
- 100 g Kichererbsen (Dose)
- 100 g Tomatenmark
- 100 ml Rotwein

NÜSSE
- 20 g Pinienkerne

SONSTIGES
- 125 ml Rotwein
- 10 g Limettensaft
- 1 Spritzer Zitronensaft

SONNTAG

DER VORBEREITUNGSTAG

Der Sonntag steht ganz im Sinne der Vorbereitung. Zunächst bereitet ihr die 7 Basiszutaten und -rezepte zu. Unter der Woche setzt ihr dann stets am Vorabend das Gericht für das Mittagessen am nächsten Tag zusammen

Basis REZEPTE

HACKFLEISCHFÜLLUNG UND BOLOGNESE
1 halbierte Zwiebel, Karotte sowie Sellerie im 🥣 **6 Sek.** | **Stufe 5** zerkleinern, anschließend mit dem 🔽 nach unten schieben. Schinkenwürfel, 30 g Olivenöl sowie Tomatenmark zufügen und **4 Min.** | **Varoma®** | 🔄 | **Stufe 1** andünsten. Das Hackfleisch in den 🥣 geben, mit dem 🔽 unterheben und **6 Min.** | **Varoma®** | 🔄 | 🥄 dünsten. Mit Rotwein ablöschen und **3 Min.** | **100 °C** | 🔄 | 🥄 köcheln lassen. Stückige Tomaten in den 🥣 geben und alles für **20 Min.** | **100 °C** | 🔄 | **Stufe 1** kochen. Die Soße mit Salz und Pfeffer abschmecken, abkühlen lassen und in eine Dose umfüllen.

BASILIKUMPESTO MIXEN
10 g Pinienkerne in einer Pfanne ohne Öl rösten, kurz abkühlen lassen. Basilikum, 20 g Parmesan, 1 Knoblauchzehe und Pinienkerne im 🥣 **15 Sek.** | **Stufe 7** zerkleinern. 60 g Olivenöl sowie ½ TL Salz zugeben, **30 Sek.** | **Stufe 4** cremig rühren. Pesto in ein Gläschen umfüllen, mit etwas Olivenöl bedecken und für Montag- und Freitagmittag kalt stellen.

FRITTATA
Backofen auf 180 °C Ober-/Unterhitze vorheizen. 30 g Parmesan im 🥣 **8 Sek.** | **Stufe 10** zerkleinern, 1 EL davon für die gefüllten Tomaten beiseitestellen. Die Eier sowie die Milch in den 🥣 geben, **20 Sek.** | **Stufe 3,5** verquirlen. Mit ½ TL Salz und 1 Prise Pfeffer würzen. Frühlingszwiebel in Ringen, 150 g Pilze in Scheiben und Spinat mithilfe des 🔽 unterheben. Frittata in ein Weckglas (300 ml) füllen und im Ofen 20–35 Min. backen – alternativ mit 500 g Wasser im Varoma® **25 Min.** | **Varoma®** | **Stufe 2** dämpfen.

TOMATENSALAT
1 Schalotte und 5 Basilikumblätter **6 Sek.** | **Stufe 5** im 🥣 zerkleinern. Halbierte Kirschtomaten, 20 g Olivenöl, Balsamicoessig, etwas Salz sowie Pfeffer zugeben und **10 Sek.** | 🔄 | **Stufe 1** vermischen.

GEFÜLLTE TOMATEN
Backofen auf 200 °C Ober-/Unterhitze vorheizen. die großen Tomaten mit einem Drittel der Hackfleischsoße füllen und mit 1 EL geriebenen Parmesan bestreuen. In eine Auflaufform setzen und im heißen Ofen etwa 10–15 Min. garen. Tomaten in eine Frischhaltedose umfüllen und in den Kühlschrank stellen.

BLUMENKOHLPÜREE
500 g Blumenkohlröschen im Varoma® und im Einlegeboden verteilen. 400 g Wasser in den 🥣 füllen, den Varoma® verschließen und aufsetzen. Den Blumenkohl **20 Min.** | **Varoma®** | **Stufe 1** dämpfen. Den Varoma® abnehmen, 🥣 leeren. Petersilie in den 🥣 geben, **5 Sek.** | **Stufe 6** zerkleinern. Blumenkohl sowie Schmand zufügen und **30 Sek.** | **Stufe 3** zerkleinern. Das Blumenkohlpüree mit etwas Muskatnuss, Salz und Pfeffer würzen, in eine Dose umfüllen und kalt stellen.

BLUMENKOHLRISOTTO
225 g Blumenkohlröschen und 1 Spritzer Zitronensaft im 🥣 **2 Sek.** | **Stufe 6** zerkleinern. Zerkleinerten Blumenkohl in eine Dose umfüllen und kalt stellen.

AM SONNTAG

Alles ist eingekauft? Heute könnt ihr mit den Vorbereitungen auf der linken Seite starten!

FÜR MONTAG

Frittata mit Tomatensalat

00:05 std:min

PRO PORTION: 545 KCAL | 39 G E | 33 G F | 21 G KH
ZUTATEN FÜR 1 PERSON

* vorbereitete Frittata im Glas
* vorbereiteter Tomatensalat
* 1 TL vorbereitetes Pesto

Am Sonntagabend Frittata im Glas abdecken. Tomatensalat mit 1 TL Pesto mischen, in eine Frischhaltedose füllen und beides für Montagmittag kalt stellen.

FÜR DIENSTAG

Gefüllte Tomaten mit Blumenkohlpüree

00:05 std:min

PRO PORTION: 529 KCAL | 33 G E | 32 G F | 16 G KH
ZUTATEN FÜR 1 PERSON

* vorbereitete gefüllte Tomaten
* vorbereitetes Blumenkohlpüree

Am Montagabend die gefüllten Tomaten und das Blumenkohlpüree in zwei Frischhaltedosen füllen und für Dienstagmittag kalt stellen.

FÜR MITTWOCH

Zoodles mit Bolognese

00:10 std:min

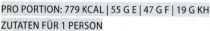

PRO PORTION: 779 KCAL | 55 G E | 47 G F | 19 G KH
ZUTATEN FÜR 1 PERSON

* 1 große Zucchini
* 10 g natives Olivenöl extra
* ¼ TL Salz
* übrige vorbereitete Hackfleischsoße
* optional 10 g geriebener Parmesan

1 | Am Dienstagabend Zucchini spiralisieren. Öl und Zoodles im 🥣 **4 Min. | 120 °C** | 🔄 | **Stufe 1** andünsten. Mit etwas Salz würzen.

2 | Zoodles mit Bolognese mischen und in eine Frischhaltedose füllen. Bei Bedarf mit Käse bestreuen und für Mittwochmittag kalt stellen.

FÜR DONNERSTAG

Blumenkohlrisotto

00:20 std:min

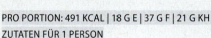

PRO PORTION: 491 KCAL | 18 G E | 37 G F | 21 G KH
ZUTATEN FÜR 1 PERSON

* 30 g Parmesan, in Stücken
* 1 Schalotte, halbiert
* 1 Knoblauchzehe
* 150 g Champignons, in Scheiben
* 10 g natives Olivenöl extra
* vorbereiteter zerkleinerter Blumenkohl
* 150 g Wasser
* 1 TL Gemüse-Gewürzpaste
* 10 g Butter
* ¼ TL Salz
* 2 Prisen frisch gemahlener schwarzer Pfeffer

1 | Am Mittwochabend Parmesan im 🥣 **10 Sek. | Stufe 10** zerkleinern und umfüllen. Schalotte und Knoblauchzehe im 🥣 **5 Sek. | Stufe 5** zerkleinern und mit dem 🔪 nach unten schieben. Pilze sowie Öl in den 🥣 geben, **4 Min. | 120 °C [TM31 bitte Varoma®]** | 🔄 | **Stufe 1** andünsten. Blumenkohlraspel zufügen und weitere **3 Min. | 100 °C** | 🔄 | **Stufe 1** dünsten. Den Blumenkohlrisotto mit Wasser sowie Gemüse-Gewürzpaste ablöschen und **7 Min. | 100 °C** | 🔄 | **Stufe 1** garen.

2 | Parmesan und Butter mithilfe des 🔪 unter das Blumenkohlrisotto rühren. Mit Salz und Pfeffer abschmecken, in eine Dose füllen. Für Donnerstagmittag kalt stellen.

FÜR FREITAG

Zucchini-Kichererbsen-Salat

00:10 std:min

PRO PORTION: 599 KCAL | 20 G E | 41 G F | 25 G KH
ZUTATEN FÜR 1 PERSON

* 10 g Pinienkerne
* 1 kleine rote Zwiebel, halbiert
* 50 g Feta
* Fruchtfleisch von ½ Avocado, in Würfeln
* 1 kleine Zucchini, in Würfeln
* 100 g Kichererbsen (Dose), abgetropft
* 2 TL vorbereitetes Basilikumpesto
* 10 g Limettensaft

1 | Am Donnerstagabend Pinienkerne in eine Pfanne ohne Zugabe von Fett goldbraun anrösten und etwas abkühlen lassen.

2 | Zwiebel im 🥣 **5 Sek. | Stufe 5** zerkleinern. Feta zugeben und **4 Sek. | Stufe 3** grob zerkleinern. Avocado, Zucchini, Kichererbsen, Pesto, Pinienkerne sowie Limettensaft in den 🥣 geben, alles **20 Sek.** | 🔄 | **Stufe 1,5** vermischen. Den Salat in eine Frischhaltedose füllen und für Freitagmittag kalt stellen.

REZEPTE UNTER WWW.ZAUBERTOPF-CLUB.DE 131

LOW CARB IM TOPF

Hier wird ausschließlich in Mixtopf, Garkorb und Varoma® gekocht! Wir zeigen, wie ihr One-Pot- und All-in-one-Gerichte Low Carb zubereitet

Rezepte, Fotos & Styling: Désirée Peikert

Schweinefilet mit Stampf und Pfeffersoße

PRO PORTION: 579 KCAL | 51 G E | 32 G F | 25 G KH
ZUTATEN FÜR 4 PERSONEN

★ Blättchen von ½ Bund Petersilie
★ Blättchen von ½ Bund Estragon
★ 2 Schalotten
★ 20 g natives Olivenöl extra zzgl. etwas mehr zum Braten
★ 450 g Karotten, in Scheiben
★ 450 g Blumenkohl, in Röschen
★ 330 g Wasser
★ 50 g Butter
★ Salz
★ 800 g Schweinefilet, in 2 Stücken à 400 g
★ frisch gemahlener schwarzer Pfeffer
★ 50 g Milch
★ 2 TL Gemüse-Gewürzpaste
★ 200 g fettarme Kochsahne
★ 250 g Wasser
★ 30 g kalte Butter
★ 20 g Mehl Type 405
★ 20 g grüne Pfefferkörner (Glas), abgetropft

1 Petersilie mit Estragon in den 🥣 geben und **3 Sek. | Stufe 8** zerkleinern, dann umfüllen.

2 Schalotten im 🥣 für **5 Sek. | Stufe 5** zerkleinern. Mit dem 🪄 nach unten schieben. Öl zufügen und **3 Min. | 100 °C | Stufe 1** dünsten. Rühraufsatz einsetzen. Karotten, Blumenkohl, Wasser, Butter und 1 TL Salz in den 🥣 geben. Schweinefilets mit Salz und Pfeffer würzen und in einer Pfanne mit etwas Öl scharf anbraten. Die Filets in hitzebeständige Frischhaltefolie wickeln, in den Varoma® legen und verschlossen aufsetzen. **20 Min. | Varoma® | Stufe 2** garen. Den Varoma® vorsichtig beiseitestellen.

3 Rühraufsatz entfernen. Milch mit den zerkleinerten Kräutern in den 🥣 geben und **8 Sek. | Stufe 5** verrühren. Den Karottenstampf umfüllen.

4 Für die Soße den 🥣 nicht spülen. Gewürzpaste, Kochsahne, Wasser, Butter sowie Mehl in den 🥣 geben und **5 Sek. | Stufe 5** verrühren. Dann **5 Min. | 100 °C | Stufe 3** kochen. Die Pfefferkörner zufügen und **3 Sek. | Stufe 3** vermengen. Mit Schweinefilets und Karottenstampf servieren.

> KAROTTEN Die süßen Rüben enthalten viele Ballaststoffe und sind wahre Sattmacher – außerdem stecken mehr Vitamine in ihnen als in Kartoffeln. Sie sind daher für einen (S)Low-Carb-Stampf geeignet.

Surf-and-Turf-Spieße mit Rahmkohlrabi
Rezept auf Seite 139

Tomaten-Paprika-Suppe
Rezept auf Seite 140

Zoodles mit Schinken-Sahne-Soße
Rezept auf Seite 140

LOW-CARB-**EXTRA**

Pizzasuppe

00 : 25 std : min

PRO PORTION: 378 KCAL | 23 G E | 26 G F | 14 G KH
ZUTATEN FÜR 4 PERSONEN

* 2 Zwiebeln, halbiert
* 1 Knoblauchzehe
* 20 g natives Olivenöl extra
* 300 g gemischtes Hackfleisch
* ½ TL frisch gemahlener schwarzer Pfeffer
* 2 TL Pizzagewürz
* 1 TL edelsüßes Paprikapulver
* ½ TL Currypulver
* 500 g stückige Tomaten mit Kräutern
* 300 g Wasser
* 2 TL Gemüse-Gewürzpaste
* 1 kleine Dose Mais (Abtropfgewicht 140 g)
* 70 g Schmelzkäse
* 1 rote Paprikaschote, in Würfeln
* 1 grüne Paprikaschote, in Würfeln
* 150 g Champignons, geviertelt
* 100 g Kaffeesahne
* Basilikumblättchen zum Garnieren

1 | Zwiebel mit Knoblauch in den ⟨⟩ geben und **5 Sek.** | **Stufe 5** zerkleinern. Mit dem ⟨⟩ nach unten schieben. Öl zufügen und **3 Min.** | **120 °C** [TM31 bitte Varoma®] | **Stufe 1** andünsten.

2 | Hackfleisch, Pfeffer, Pizzagewürz, Paprikapulver sowie Curry zugeben, einmal mit dem ⟨⟩ auflockern und **5 Min.** | **120 °C** [TM31 bitte Varoma®] | ⟨⟩ | **Stufe 0,5** dünsten. Restliche Zutaten zufügen und **12 Min.** | **100 °C** | ⟨⟩ | **Stufe 1** kochen. Mit Basilikumblättchen garnieren und servieren.

> **TIPP** Das 25-Minuten-Rezept ist ein echter Klassiker aus der Thermomix® Welt. Wir haben es uns vorgeknöpft und eine Low-Carb-Variante daraus gemacht, die ihr lieben werdet! Wer die Suppe noch nicht kennt und Pizza liebt – unbedingt ausprobieren! Sie schmeckt auch, wenn man keine Low-Carb-Ernährung beabsichtigt!

> **TIPP** Wer es gern schärfer mag: Etwas Chili passt hervorragend zur Suppe.

Surf-and-Turf-Spieße mit Rahmkohlrabi

00 : 30 std : min

PRO PORTION: 444 KCAL | 32 G E | 24 G F | 25 G KH
ZUTATEN FÜR 4 PERSONEN

* 300 g Lachsfilet, in Würfeln
* 300 g Hähnchenbrustfilet, in Würfeln
* 3 EL Zitronensaft
* 500 g Wasser
* Salz
* 750 g Kohlrabi, in Stiften
* 500 g Wasser
* 200 g Sahne
* Blättchen von ¼ Bund Petersilie
* Spitzen von ¼ Bund Dill
* 1 TL Stärke
* ½ TL rosa Pfeffer

1 | Lachs- und Hähnchenwürfel auf 8 Holzspieße stecken, auf den Einlegeboden legen und mit 1 EL Zitronensaft beträufeln.

2 | Wasser in den ⟨⟩ geben, Varoma® aufsetzen und Kohlrabi darin verteilen. Den Einlegeboden verschlossen aufsetzen und alles für **20 Min.** | **Varoma®** | **Stufe 2** garen.

3 | Den Varoma® vorsichtig absetzen und beiseite stellen. Sahne, Kräuter, 1 TL Salz und Stärke zu der Garflüssigkeit geben und alles **10 Sek.** | **Stufe 8** mixen. Dann **3 Min.** | **100 °C** | **Stufe 2** aufkochen.

4 | Die Spieße mit etwas Salz und rosa Pfeffer bestreuen, mit Kohlrabi auf Tellern anrichten und mit der Sauce servieren.

> **TIPP** Anstelle von Kohlrabi könnt ihr auch wunderbar Blumenkohl- oder Brokkoliröschen, Zucchini, oder bunt gemischtes Gemüse nach Belieben im Varoma® dämpfen.

Tomaten-Paprika-Suppe mit Joghurt

00 std : 20 min

PRO PORTION: 96 KCAL | 4 G E | 4 G F | 12 G KH
ZUTATEN FÜR 4 PERSONEN

★ 2 Schalotten
★ 1 Knoblauchzehe
★ 10 g natives Olivenöl extra
★ 650 g Tomaten, geviertelt
★ 350 g Paprikaschoten, in Stücken
★ 300 g Wasser
★ 2 TL Gemüse-Gewürzpaste
★ 1 ½ TL Salz
★ 1 TL edelsüßes Paprikapulver
★ ½ TL frisch gemahlener schwarzer Pfeffer
★ 1 EL Pizzagewürz
★ 100 g Joghurt

1 | Schalotten mit Knoblauch in den geben und **5 Sek. | Stufe 5** zerkleinern. Mit dem Spatel nach unten schieben. Das Öl zufügen und **3 Min. | 120 °C [TM31 bitte Varoma®] | Stufe 1** dünsten.

2 | Tomaten mit Paprika zugeben und **30 Sek. | Stufe 10** pürieren. Wasser, Gewürzpaste, Salz, Paprikapulver, Pfeffer sowie Pizzagewürz zufügen und **12 Min. | 100 °C | Stufe 2** kochen.

3 | Anschließend Joghurt zugeben und **20 Sek. | Stufe 10** vermengen.

> **TIPP** Wer mag, garniert die Suppe noch mit einem Klecks Creme fraîche und frischem Basilikum.

> **TIPP** Tomaten und Paprika sind die beiden Hauptdarsteller dieser Suppe. Diese frischen, überall erhältlichen Zutaten machen das Gericht günstig, einfach, schnell und zudem auch noch gesund und lecker!

Blumenkohl und Spinat in Senf-Cheddar-Soße

00 std : 40 min

PRO PORTION: 263 KCAL | 15 G E | 15 G F | 18 G KH
ZUTATEN FÜR 4 PERSONEN

★ 1 Zwiebel, halbiert
★ 20 g natives Olivenöl extra
★ 1 Blumenkohl, in Röschen
★ Salz
★ 500 g Wasser
★ 1½ TL Gemüse-Gewürzpaste
★ 400 g Blattspinat
★ 200 g Milch, fettarm
★ 100 g Cheddar, in Stücken
★ 30 g Mehl Type 405
★ 3 Prisen frisch gemahlener schwarzer Pfeffer
★ 2 Prisen frisch geriebene Muskatnuss
★ 1 ½ TL mittelscharfer Senf

1 | Zwiebel in den Topf geben und **5 Sek. | Stufe 5** zerkleinern. Mit dem Spatel nach unten schieben. Das Öl zufügen und **3 Min. | 120 °C [TM31 bitte Varoma®] | Stufe 1** dünsten.

2 | Den Blumenkohl im Varoma® verteilen und mit ½ TL Salz würzen.

3 | Wasser mit Gewürzpaste in den Topf füllen, den Varoma® aufsetzen und den Blumenkohl **25 Min. | Varoma® | Stufe 2** garen.

4 | Spinat auf dem Einlegeboden und im Varoma® auf dem Blumenkohl verteilen und den Einlegeboden in den Varoma® einsetzen. Dann weitere **5 Min. | Varoma® | Stufe 2** garen.

5 | Varoma® geschlossen zur Seite stellen und den Topf leeren. Die Garflüssigkeit dabei auffangen. 300 g Garflüssigkeit zurück in den Topf geben. Restliche Zutaten zugeben und **5 Sek. | Stufe 5** vermengen. Dann **4 Min. | 100 °C | Stufe 3** kochen.

6 | Die Soße **30 Sek. | Stufe 8** pürieren. Zusammen mit dem Blumenkohl und Spinat in eine große Schüssel füllen und servieren.

Zoodles mit Schinken-Sahne-Soße

00 std : 20 min

PRO PORTION:
334 KCAL | 16 G E | 21 G F | 21 G KH
ZUTATEN FÜR 4 PERSONEN

★ 1 Zwiebel, halbiert
★ 1 Knoblauchzehe
★ 20 g Butter
★ 300 g gemischte Pilze (Champignons, Austern- und Steinpilze)
★ 120 g Kochschinken, in Würfeln
★ 500 g Wasser
★ 150 g Sahne
★ 50 g Schmelzkäse
★ 1½ TL Salz zzgl. etwas mehr zum Kochen der Zoodles
★ 1 TL Gemüse-Gewürzpaste
★ 30 g Stärke (in etwas Wasser aufgelöst)
★ 600 g Zucchini
★ 200 g Karotten

1 | Zwiebel mit Knoblauch in den Topf geben und **5 Sek. | Stufe 5** zerkleinern. Mit dem Spatel nach unten schieben. Butter zufügen und **3 Min. | 120 °C [TM31 bitte Varoma®] | Stufe 1** dünsten.

2 | Die Pilze mit den Schinkenwürfeln zugeben und **3 Min. | 120 °C [TM31 bitte Varoma®]** dünsten.

3 | Restliche Zutaten, bis auf die Zucchini und Karotten, zufügen und alles **7 Min. | 100 °C** kochen.

4 | Währenddessen die Zucchini und die Karotten mit einem Spiralschneider zu Zoodles verarbeiten. Zucchini und Karotten in kochendem Salzwasser 1 Min. garen, durch ein Nudelsieb abgießen. Zoodles mit der Soße vermengen und servieren.

> **TIPP** Für eine schnelle Geschmacksveränderung könnt ihr Schmelzkäse mit Kräutern oder anderen Geschmacksrichtungen verwenden.

RATGEBER
ZOODLES

Mit herkömmlicher Pasta haben die Gemüsenudeln nichts zu tun. Am besten probiert ihr sie selbst einmal aus. An die Spiralschneider, fertig, los!

SO GEHT'S

Für eine Portion Zoodles braucht ihr etwa 200–250 g rohe Zucchini, am besten große, lange Exemplare. Idealerweise verwendet ihr für Zoodles einen Spiralschneider. Wer keinen Spiralschneider daheim hat, kann auch einen Sparschäler verwenden und von der Zucchini dünne lange Streifen abziehen. Ihr könnt auch einfach ein scharfes Messer verwenden, um eure Gemüsepasta herzustellen. Schneidet das Gemüse eurer Wahl der Länge nach durch und legt es mit der Schnittfläche auf das Schneidebrett. Nun müsst ihr das Gemüse in lange, dünne Scheiben schneiden und diese wiederum in feine Streifen.

DIESES GEMÜSE EIGNET SICH

Neben Zucchini könnt ihr eine Menge anderer Gemüse zu Spaghetti verarbeiten. Auch aus Karotten, Kohlrabi, Gurke, Rettich und Roter Bete lassen sie sich herstellen. Probiert auch Gemüsenudeln aus Kürbis oder Kartoffeln aus. Selbst Obst lässt sich in dünne Spiralen verwandeln und für Obstsalat oder als Tortendekoration verwenden.

GEMÜSENUDELN ZUBEREITEN

Ihr könnt sie roh essen oder zu Salat verarbeiten. So bleiben die meisten Nährstoffe erhalten. Oder ihr dünstet sie mit etwas Öl in einer beschichteten Pfanne für 2–3 Min. bissfest und genießt sie mit leckerer Soße aus dem Thermomix®. Wenn ihr die Nudeln etwas weicher mögt, lasst sie für wenige Minuten in leicht gesalzenem Wasser ziehen oder gart sie im Varoma® – siehe Anleitung rechts. Zoodles gut abtropfen lassen und servieren.

DER FLINKE PROFI

Ob dünn, mitteldick oder dick – in null Komma nichts ist das Gemüse verarbeitet. Für Variationen von Gemüsenudeln sorgen drei innen liegende Messereinsätze, die sich leicht austauschen lassen. Der „Kult X"-Spiralschneider funktioniert elektrisch – so macht er die Vorbereitung einfach und mühelos. Ca. 75 Euro. www.wmf.com

FÜR EINSTEIGER

Im Nu schneidet der Spiralschneider „SPIRELLI" aus Möhren, Zucchini und Gurken Endlosstreifen. Ihr habt die Wahl zwischen zwei unterschiedlich breiten Spiralen. Er ist klein, handlich, leicht zu reinigen und ruckzuck einsatzbereit. Ca. 25 Euro. www.gefu.com

WAS PASST DAZU?

Zoodles könnt ihr mit jeder Soße essen, die ihr auch zu normaler Pasta essen würdet. Einfach mit Bolognese, all'Arrabbiata, Käsesoße, Pesto, Fleisch oder Fisch servieren – eurer Fantasie sind keine Grenzen gesetzt.

EINFACH GENIAL!

IM VAROMA® GAREN

Die Gemüsenudeln im Varoma® verteilen, mit Meersalz und Saft von 1 Zitrone bestreuen bzw. beträufeln. 500 g Wasser und 1 TL Gewürzpaste in den 🥣 geben, Varoma® aufsetzen und **12 Min. | Varoma® | Stufe 1** garen.

Fotos: Archiv (1); Gettyimages.de/Aniko Hobel (1), Westend61 (1); WMF (1); GEFU (1)

BACKE, BACKE
LOW-CARB-KUCHEN

Dem Mythos, man müsse in der Low-Carb-Ernährung auf Gebäck verzichten, setzen wir unsere Rezepte entgegen. Wir backen smart: ohne herkömmliches Mehl und mit alternativer Süße. Schon kann das Schlemmen beginnen!

Mandel-Marmorkuchen
Rezept auf Seite 150

Blaubeer-Tassenkuchen
Rezept auf Seite 150

Apfelkuchen mit Mandeln
Rezept auf Seite 151

Schoko-Mandel-Muffins
Rezept auf Seite 151

LOW-CARB-**EXTRA**

DER SCHMECKT GENAUSO KÖSTLICH, WIE ER AUSSIEHT!

Matcha-Marmorkuchen
Rezept auf Seite 152

ZUGREIFEN OHNE SCHLECHTES GEWISSEN

Chocolate-Chip-Kichererbsen-Blondies

PRO STÜCK: 164 KCAL | 4 G E | 9 G F | 19 G KH
ZUTATEN FÜR 12 STÜCK

- ★ Kokosöl zum Fetten der Form
- ★ 100 g Edelbitterschokolade, in Stücken
- ★ 240 g Kichererbsen (Dose)
- ★ 80 g Mandelmus
- ★ 60 g Ahornsirup
- ★ 60 g Kokosblütenzucker
- ★ 2 TL Vanilleextrakt
- ★ 25 g Mandelmehl
- ★ 2 Prisen Salz
- ★ ½ TL Backpulver
- ★ ½ TL Natron

00 : 50 std : min

1 | Backofen auf 175 °C Ober-/Unterhitze vorheizen. Eine Form (23 × 23 cm) mit etwas Kokosöl einfetten. Die Schokolade in den 🥣 geben, **3 Sek. | Stufe 3** grob hacken und umfüllen.

2 | Kichererbsen mit den restlichen Zutaten, bis auf die Schokolade, in den 🥣 geben und **40 Sek. | Stufe 5** zu einer glatten Masse verarbeiten. Zerkleinerte Schokolade mit dem 🥄 unterrühren. Den Teig in die Form umfüllen.

3 | Blondies im heißen Ofen 25–30 Min. backen, auskühlen lassen. Der Teig darf ruhig noch etwas feucht sein.

> **TIPP** Geburtstag, Firmenfeier oder einfach Sonntagnachmittag – diese kleinen Happen kommen immer gut an. Vor allem, weil die Leckerbissen sowohl Low Carb als auch vegan, laktose- und glutenfrei sind. Da kann jeder zugreifen!

Mandelbiskuitrolle mit Erdbeeren
Rezept auf Seite 152

Mandel-Marmorkuchen

01:10 std:min

PRO STÜCK: 214 KCAL | 13 G E | 14 G F | 13 G KH
ZUTATEN FÜR 12 STÜCKE

- 80 g weiche Butter, in Stücken,
  zzgl. etwas mehr zum Fetten der Form
- 220 g Mandelmehl,
  zzgl. etwas mehr zum Ausstreuen der Form
- 100 g Xylit
- 1 Prise Salz
- Mark von 1 Vanilleschote
- 5 Eier
- 50 g Mascarpone
- 40 g Eiweißpulver mit Vanillegeschmack
- 1 Pck. Backpulver
- 20 g Kakaopulver
- 2 EL Milch
- 60 g Zartbitterschokolade, in Stücken

1 | Den Backofen auf 180 °C Ober- und Unterhitze vorheizen. Eine Gugelhupfform ausfetten und mit etwas Mandelmehl ausstreuen.

2 | Butter, Xylit, Salz und Vanillemark in den 🥣 geben, **30 Sek. | Stufe 4** cremig rühren. Mit dem 🔪 nach unten schieben und Vorgang wiederholen. Eier und Mascarpone hinzufügen, **20 Sek. | Stufe 4** unterrühren.

3 | Mandelmehl, Eiweißpulver sowie Backpulver zugeben und **30 Sek. | Stufe 4** zu einem glatten Teig verarbeiten.

4 | Hälfte des Teigs in die Form füllen. Kakao und Milch zu dem restlichen Teig in den 🥣 geben und **20 Sek. | Stufe 4** verrühren, dann auf den hellen Teig geben. Mit einer Gabel beide Teigschichten spiralförmig miteinander vermengen.

5 | Den Marmorkuchen im heißen Ofen etwa 40 Min. backen, auf einem Kuchengitter auskühlen lassen. Den 🥣 spülen.

6 | Die Schokolade im 🥣 für **10 Sek. | Stufe 7** zerkleinern und mit dem 🔪 nach unten schieben. **4 Min. | 50 °C | Stufe 2** schmelzen, den Kuchen damit verzieren und servieren.

Tassenkuchen

00:30 std:min

PRO TASSE: 295 KCAL | 23 G E | 18 G F | 10 G KH
ZUTATEN FÜR 4 TASSEN

- 4 Eier
- 80 g Xylit
- 65 g Sahne
- 170 g Sahnejoghurt
- Mark von 1 Vanilleschote
- 150 g Mandelmehl
- 100 g Heidelbeeren, TK oder frisch

1 | Den Backofen auf 180 °C Ober- und Unterhitze vorheizen. Die Eier mit der Xylit **30 Sek. | Stufe 6** cremig aufschlagen. Sahne, Joghurt, Vanillemark sowie Mandelmehl hinzufügen und **40 Sek. | Stufe 4** verrühren.

2 | Teig auf 4 Tassen aufteilen und Heidelbeeren in die Tassen geben. Im heißen Ofen etwa 20 Min. backen.

> **MANDELMEHL** Diese Zutat besteht übrigens nicht aus „nur" gemahlenen Mandeln! Für Mandelmehl werden die gemahlenen Mandeln noch zusätzlich entölt. Dieser Prozess kann in der eigenen Küche durchgeführt werden, ist aber relativ aufwendig. Die Zutat findet ihr wie andere Nuss- und Getreidemehle im Reformhaus oder im Supermarktregal für alternative Backzutaten.

Für unsere Low-Carb-Gebäcke wird das entölte Mandelmehl benötigt. Werden nur gemahlene Mandeln verwendet, ändert sich die Konsistenz des Gebäcks. Bei Rezepten, in denen die Zutat nur in geringer Menge benötigt wird (Blondies auf Seite 149 mit 25 g Mandelmehl), könnt ihr auch gemahlene Mandeln einsetzen. Ist die Zutat jedoch die vorrangige „Mehlkomponente" wie bei den Tassenkuchen, dann solltet ihr auch das echte Mandelmehl verwenden.

Apfelblechkuchen mit Mandeln

01:10 std:min

PRO STÜCK: 226 KCAL | 5 G E | 16 G F | 19 G KH

ZUTATEN FÜR 24 STÜCKE

* 600 g säuerliche Äpfel, geschält und in dünnen Scheiben
* 350 g Butter, 250 g davon weich
* 225 g Xylit
* 125 g Erythrit
* Mark von 1 Vanilleschote
* 6 Eier
* 70 g Mandelmehl
* 180 g Mehl Type 550
* 2 TL Backpulver
* 100 g gehobelte Mandeln

1 | Backofen auf 180 °C Ober- und Unterhitze vorheizen. Ein Backblech oder die Fettpfanne mit Backpapier auslegen.

2 | 250 g weiche Butter, 125 g Xylit, Erythrit sowie Vanillemark in den ⌣ geben und **40 Sek. | Stufe 5** schaumig rühren. Die Eier nach und nach hinzufügen, **30 Sek. | Stufe 5** unterrühren. Mandelmehl, Weizenmehl sowie Backpulver mischen und ebenfalls in den Topf geben, **20 Sek. | Stufe 4** unterrühren. Mit dem ⌒ die Apfelscheiben unterheben.

3 | Den Teig auf das Backblech streichen und im heißen Ofen auf der mittleren Schiene ca. 30 Min. backen.

4 | Währenddessen im ⌣ übrige Butter, Rest Xylit und Mandeln **10 Sek. | 60 °C | Stufe 2** erwärmen. Kuchen aus dem Ofen nehmen und die Mischung vorsichtig auf dem Teig verteilen. Den Kuchen weitere 15–20 Min. backen, bis die Mandeln goldbraun sind. Auf einem Kuchengitter auskühlen lassen.

> **XYLIT** – auch Birkenzucker genannt – ist eine beliebte Zuckeralternative, die aus Pflanzenfasern gewonnen wird. Er enthält keine verwertbaren Kohlenhydrate und kann Kristallzucker beim Kochen und Backen 1:1 ersetzen.

Schoko-Mandel-Muffins

01:20 std:min

PRO STÜCK: 305 KCAL | 10 G E | 24 G F | 11 G KH

ZUTATEN FÜR 12 STÜCK

* 155 g Zartbitterschokolade, in Stücken
* 100 g Butter, in Stücken
* 4 Eier
* 150 g Erythrit
* 1 EL Amarettolikör
* 180 g Mandelmehl
* 1 Prise Salz
* 1½ TL Backpulver
* 60 g Kakaopulver
* 50 g gehackte Mandelkerne
* 12 Mandelkerne

AUSSERDEM
* 12 Papierförmchen

1 | Den Backofen auf 180 °C Ober- und Unterhitze vorheizen. Ein 12er-Muffinblech mit Papierförmchen auskleiden.

2 | Für die Muffins 75 g Schokolade in den ⌣ geben und **5 Sek. | Stufe 6** hacken. Butter hinzufügen und **10 Sek. | 60 °C | Stufe 3** schmelzen. Die Masse umfüllen und etwas abkühlen lassen.

3 | Eier mit Erythrit im ⌣ **40 Sek. | Stufe 6** schaumig schlagen. Den Likör **10 Sek. | Stufe 3** unterrühren. Geschmolzene Schokolade ebenfalls in den ⌣ geben, **10 Sek. | Stufe 5** vermischen.

4 | Mandelmehl, Salz, Back- und Kakaopulver mischen. Zur Ei-Schokoladen-Masse geben und **30 Sek. | Stufe 2** verrühren.

5 | Gehackte Mandeln in einer Pfanne ohne Fett anrösten. Mit dem ⌒ unter den Teig heben und in die Förmchen füllen. Muffins im heißen Ofen ca. 20 Min. backen. Auf einem Kuchengitter auskühlen lassen. Den ⌣ spülen.

6 | Übrige Schokolade im ⌣ **10 Sek. | Stufe 6** hacken und anschließend **10 Sek. | 60 °C | Stufe 3** schmelzen. Jeweils einen Klecks auf den Muffins verteilen und mit einer Mandel garnieren.

Matchakuchen

PRO STÜCK: 306 KCAL | 9 G E | 26 G F | 10 G KH

ZUTATEN FÜR 1 KUCHEN À 16 STÜCKE

- 120 g weiche Butter, in Stücken, zzgl. etwas mehr zum Fetten der Form
- 120 g Frischkäse
- 200 g Erythrit
- 5 Eier
- 180 g Mandelmehl
- 2 TL Backpulver
- 1 TL Guarkernmehl
- 70 g Milch
- 3 TL Matcha, zzgl. etwas zum Bestäuben
- 150 g Zartbitterschokolade, in Stücken

1 | Backofen auf 180 °C Ober-/Unterhitze vorheizen. Eine Kastenform (30 cm Länge) einfetten. Butter, Frischkäse sowie Erythrit in den ⌷ geben und **30 Sek. | Stufe 5** verrühren. Eier hinzufügen und **20 Sek. | Stufe 3** unterrühren.

2 | Mandelmehl mit Backpulver sowie Guarkernmehl mischen, mit 60 ml Milch in den ⌷ geben und **30 Sek. | Stufe 3** unter die Eiermasse rühren. Zwei Drittel des Teigs in die Form geben.

3 | Matcha und Rest Milch zum restlichen Teig in den ⌷ geben und **10 Sek. | Stufe 3** unterrühren, auf dem hellen Teig verteilen und mit einer Gabel marmorieren. Im heißen Ofen ca. 55 Minuten backen, auskühlen lassen.

4 | Die Schokolade im ⌷ für **5 Sek. | Stufe 8** zerkleinern und mit dem ⌷ nach unten schieben. **4 Min. | 60 °C | Stufe 3** schmelzen und auf dem Kuchen verteilen.

> **GUARKERNMEHL** Dies ist ein ideales Low-Carb-Andickmittel für Süßspeisen und Torten, aber auch für Soßen und Dips. Als Alternative könnt ihr 1 g Guarkernmehl durch 1,5 g Johannisbrotkernmehl ersetzen.

Mandelbiskuitrolle mit Erdbeeren

PRO STÜCK: 249 KCAL | 8 G E | 22 G F | 5 G KH

ZUTATEN FÜR 1 BISKUITROLLE

- 8 Eier
- 110 g Erythrit
- 100 g Mandelmehl
- Mark von 1 Vanilleschote
- 2 TL Backpulver
- 500 g Sahne
- 2 Pck. Sahnesteif
- 300 g Erdbeeren, geviertelt
- etwas Puder-Erythrit

1 | Den Backofen auf 160 °C Umluft vorheizen. Ein Blech mit Backpapier auslegen. Für den Biskuit Eier mit Erythrit in den ⌷ geben und **40 Sek. | Stufe 6** schaumig schlagen. Mark von ½ Vanilleschote, Mandelmehl sowie Backpulver zur Eimasse geben und **20 Sek. | Stufe 3** verrühren. Nur so lange rühren, bis gerade eben eine Teigmasse entstanden ist. Auf das Backblech streichen und im heißen Ofen auf mittlerer Schiene 12–15 Min. backen. Den ⌷ spülen.

2 | Den Biskuit auf ein feuchtes Handtuch stürzen und das Backpapier abziehen. Den Biskuit mit dem Handtuch aufrollen und auskühlen lassen.

3 | Sahne mit Sahnesteif und restlichem Vanillemark in den ⌷ geben, unter Sichtkontakt ohne Messbecher **Stufe 6** steif schlagen.

4 | Die Biskuitplatte ausrollen und mit der Sahne bestreichen. Die Erdbeeren auf der Sahne verteilen und Biskuitrolle vorsichtig aufrollen. Mit dem Puder-Erythrit bestäuben und kalt stellen.

> **ERYTHRIT** findet ihr im Handel oft nur in kristalliner Konsistenz und als Puder ist er grundsätzlich teurer. Ihr könnt Puder-Erythrit aber einfach mit dem Thermomix® herstellen. Dafür 200 g in Erythrit in den ⌷ geben und **30 Sek. | Stufe 10** pulverisieren.

152 REZEPTE UNTER WWW.ZAUBERTOPF-CLUB.DE

RATGEBER

4 WOCHENPLÄNE

So viele Rezepte – da kann man sich kaum entscheiden!
Daher haben wir aus den insgesamt über 100 Ideen dieses Magazins
vier praktische Ernährungspläne mit je 21 Rezepten für euch erstellt

Wir haben die Gerichte dieser Ausgabe so für euch kombiniert, dass sie individuelle Themenwochen ergeben. Ganz nach eurem Geschmack könnt ihr die Rezepte entsprechend unserer Vorschläge nachkochen oder sie untereinander neu mischen. Dies könnt ihr tun, indem ihr alle Rezeptkärtchen ausschneidet und auf einen Blanko-Wochenplan übertragt, den ihr kostenlos herunterladen und ausdrucken könnt. Anhand der Rückseiten der Kärtchen könnt ihr jederzeit die Gerichte wieder ihren ursprünglichen Themen zuordnen.

Für alle Rezepte dieser Ausgabe gilt: Wir haben frische unverarbeitete Lebensmittel verwendet, die dem Körper guttun. Und ihr werdet während der Ernährungswoche ganz bestimmt neue Produkte kennen- und lieben lernen!

JETZT HERUNTERLADEN:
Wochenplan und Rezeptkärtchen

Unserem Blanko-Wochenplan und alle Rezeptkärtchen könnt ihr gratis herunterladen unter:

WWW.ZAUBERTOPF.DE/ ZAUBERHAFTES

SOULFOOD

1 DIE VEGGIE-WOCHE
Ziel: Lieblingsgerichte mal anders zubereiten
Fokus: Keine Fleischprodukte

Sieben Tage vegetarisch kochen und dabei satt und glücklich durch die Woche kommen. Wie das geht, erfahrt ihr im Verlauf der Veggie-Woche. Hier kochen wir ohne Fleisch, Fisch und Geflügel, erlaubt sind Eier, Milchprodukte, Honig. Wer daraus vegane Rezepten machen möchte, kann diese ganz einfach mit pflanzlichen Alternativprodukten zubereiten.

ABNEHMEN

2 DIE LOW-CARB-WOCHE
Ziel: Gewicht reduzieren
Fokus: Nur 70 g KH am Tag

In dieser Woche dreht sich alles um abwechslungsreiches, kohlenhydratarmes Kochen und Backen. Alle Rezeptideen sind so kombiniert, dass ihr pro Tag nicht mehr als 70 g KH zu euch nehmt. Mischt ihr die Rezepte neu, achtet darauf, dass dieser Wert nicht überschritten wird, sofern ihr weiterhin Low Carb essen wollt.

GESUND ESSEN

3 DIE VOLLWERT-WOCHE
Ziel: Achtsamer kochen und essen
Fokus: Nährstoffreiche Zutaten

Die bessere Wahl – das gilt in dieser Woche. Wir kochen Klassiker und absolute Lieblingsgerichte. Dabei ersetzen wir Weiß- durch Vollkornmehl, verwenden gesunde Fette und natürliche oder weniger Süße. Vollwertküche macht satt und glücklich und zeigt euch, wie einfach es ist, auf gesündere Ernährung umzustellen. Hier kommt garantiert jeder auf seine Kosten!

ZEIT SPAREN

4 DIE SCHNELL-UND-GESUND-WOCHE
Ziel: Trotz Hektik gesund essen
Fokus: Gerichte unter 1 Stunde

Viele von uns haben zwischen Job und Familie nicht viel Zeit für Einkauf, kochen und backen. Aber ehe wir zu ungesunden Fertigprodukten greifen, starten wir doch lieber unseren Thermomix®! Mit den Rezepten in dieser „Schnellen Woche" wird jedes Gericht in unter 1 Stunde fertig und zudem wird jedes auch mit leichten und vollwertigen Zutaten gemixt!

	FRÜHSTÜCK	MITTAG	ABENDESSEN
MONTAG			
DIENSTAG			
MITTWOCH			
DONNERSTAG			
FREITAG			
SAMSTAG			
SONNTAG			

	FRÜHSTÜCK	MITTAG	ABENDESSEN
SONNTAG	Mandel-Quarkbrötchen **Seite 48** — 12 G KH	Feta-Päckchen **Seite 24** — 11 G KH	Pizzasuppe **Seite 139** — 14 G KH
SAMSTAG	Shakshuka **Seite 123** — 7 G KH	Zoodles mit Schinken-Sahne-Soße **Seite 140** — 21 G KH	Rohkost-Blitz-Salate **Seite 58** — 16 G KH
FREITAG	Chocolate-Crunch-Oats **Seite 123** — 22 G KH	Blumenkohlrisotto **Seite 131** — 21 G KH	Frittata mit Tomatensalat **Seite 131** — 21 G KH
DONNERSTAG	Smoothie-Bowl „Turkish Delight" **Seite 122** — 22 G KH	Zucchini-Kichererbsen-Salat **Seite 131** — 25 G KH	Kabeljau mit Dillgurken **Seite 97** — 3 G KH
MITTWOCH	Cream-Cheese-Bagel mit Lachs **Seite 122** — 17 G KH	Gefüllte Tomaten mit Püree **Seite 131** — 16 G KH	Alleskönner-Suppe **Seite 58** — 13 G KH
DIENSTAG	Low-Carb-Quarkbrot **Seite 48** — 9 G KH	Low-Carb-Pizza mit Stremellachs **Seite 98** — 20 G KH	Blumenkohl in Senf-Cheddar-Soße **Seite 140** — 18 G KH
MONTAG	Frühstücks-Soufflé mit Beeren **Seite 123** — 13 G KH	Zoodles mit Bolognese **Seite 131** — 19 G KH	Tomaten-Paprika-Suppe mit Joghurt **Seite 140** — 12 G KH

	FRÜHSTÜCK	MITTAG	ABENDESSEN
SONNTAG	 Frühstücks-Soufflé mit Beeren **Seite 123**	 Vegane Mac and Cheese **Seite 90**	 Ajvar-Reis mit gebackener Aubergine **Seite 82**
SAMSTAG	 Bananenbrot **Seite 90**	 Reisbällchen mit Brokkolisalat und Aioli **Seite 84**	 Kräuter-Omelett mit Tomaten **Seite 90**
FREITAG	Low-Carb-Quarkbrot **Seite 48**	 Seitan-Frikassee mit Wildreis **Seite 87**	 Tomaten-Paprika-Suppe mit Joghurt **Seite 140**
DONNERSTAG	Low-Carb-Quarkbrot **Seite 48**	 Reispfanne süßsauer mit Tofuspießen **Seite 84**	 Frittata mit Tomatensalat **Seite 131**
MITTWOCH	Smoothie-Bowl „Turkish Delight" **Seite 122**	Blumenkohlrisotto **Seite 131**	 Feta-Päckchen **Seite 24**
DIENSTAG	 Mandel-Quarkbrötchen **Seite 48**	 Schnelle Asia-Bowl **Seite 74**	 Blumenkohl in Senf-Cheddar-Soße **Seite 140**
MONTAG	Chocolate-Crunch-Oats **Seite 123**	 Kürbis-Curry-Bowl **Seite 84**	 Bohnentaler mit Varoma® Gemüse **Seite 88**

	FRÜHSTÜCK	MITTAG	ABENDESSEN
SONNTAG	Chocolate-Crunch-Oats **Seite 123**	Kürbis-Curry-Bowl **Seite 84**	Putenröllchen mit Pinienkern-Füllung **Seite 25**
SAMSTAG	Körner-Knäcke **Seite 48**	Vollkornpizza „Gemüsegarten" **Seite 76**	Schweinefilet-Päckchen **Seite 39**
FREITAG	Cream-Cheese-Bagel mit Lachs **Seite 122**	Schweinefilet mit Stampf und Pfeffersoße **Seite 133**	Rohkost-Blitz-Salat **Seite 58**
DONNERSTAG	Kräuter-Omelett mit Tomaten **Seite 90**	Reis mit Kokossoße und Lachswürfeln **Seite 82**	Alleskönner-Suppe **Seite 58**
MITTWOCH	Vanilla-Berry-Oats **Seite 123**	Sous-vide-Rinderhüftsteak **Seite 39**	Feta-Päckchen **Seite 24**
DIENSTAG	Low-Carb-Quarkbrot **Seite 48**	Bohnentaler mit Varoma® Gemüse **Seite 88**	Dinkel-Döner mit Joghurt-Zaziki **Seite 76**
MONTAG	Low-Carb-Quarkbrot **Seite 48**	Orientalische Poularde mit Couscous **Seite 36**	Blumenkohl in Senf-Cheddar-Soße **Seite 140**

	FRÜHSTÜCK	MITTAG	ABENDESSEN
SONNTAG	Mandel-Quarkbrötchen **Seite 48**	Reis mit Kokossoße und Lachswürfeln **Seite 82**	Bohnentaler mit Varoma® Gemüse **Seite 88**
SAMSTAG	Shakshuka **Seite 123**	Schweinefilet mit Stampf und Pfeffersoße **Seite 133**	Alleskönner-Suppe **Seite 58**
FREITAG	Smoothie-Bowl „Turkish Delight" **Seite 122**	Fischbrötchen mit Kartoffelsalat **Seite 74**	Zucchini-Kichererbsen-Salat **Seite 131**
DONNERSTAG	Vanilla-Berry-Oats **Seite 123**	Putenröllchen mit Pinienkern-Füllung **Seite 25**	Tatar mit Guacamole **Seite 32**
MITTWOCH	Dinkel-Käsecracker **Seite 108**	Zoodles mit Bolognese **Seite 131**	Mac and Cheese **Seite 97**
DIENSTAG	Chocolate-Crunch-Oats **Seite 123**	Feta-Päckchen **Seite 24**	Kabeljau mit Dillgurken **Seite 97**
MONTAG	Spinatomelett mit Lachs **Seite 19**	Schweinefilet-Päckchen **Seite 39**	Pizzasuppe **Seite 139**